14.95

D1504087

La collection «Théories et pratiques dans l'enseignement»
est dirigée par Clémence Préfontaine et Gilles Fortier

LA PLANÈTE D'OMÉGA

Apprendre à vivre en harmonie

DES MÊMES AUTEURS

MICHALSKI, Serge.
Ces mots qui provoquent des maux.
Montréal: Louise Courteau, éditrice. 1992.

MICHALSKI, Serge, PARADIS, Louise.
Le décrochage.
Montréal: Éditions Logiques. 1993.

Accompagnant cet ouvrage:

MICHALSKI, Serge, PARADIS, Louise.
Oméga et la communication –
guide d'animation et d'intervention en milieu scolaire.
Montréal: Éditions Logiques. 1994.

MICHALSKI, Serge, PARADIS, Louise.
Oméga et les problèmes de communication –
guide d'animation à l'intention des parents.
Montréal: Éditions Logiques. 1994.

Serge Michalski et Louise Paradis

LA PLANÈTE D'OMÉGA
Apprendre à vivre en harmonie

Les Éditions
LOGIQUES

Remerciements

Nous tenons à remercier, pour leur précieuse collaboration,
Mesdames Carmen Gélinas, pour la rédaction et la transcription de textes ;
Marie-Line Gagnon, pour le traitement des données sur micro-ordinateur ;
Pierrette Paradis, pour la correction des textes.

Dans cet ouvrage, l'utilisation du masculin pour désigner des personnes a comme seul but d'alléger le texte et d'identifier sans discrimination les individus des deux sexes. La lectrice et le lecteur verront à interpréter selon le contexte.

Couverture et illustrations : Pierrette Paradis
Mise en pages : Jean Yves Collette

Les Éditions LOGIQUES
1225, rue de Condé
Montréal (Québec) H3K 2E4
Téléphone : (514) 933-2225
Télécopieur : (514) 933-2182

LA PLANÈTE D'OMÉGA – Apprendre à vivre en harmonie
Dépôt légal : Deuxième trimestre 1994
Bibliothèque nationale du Québec
Bibliothèque nationale du Canada

ISBN 2-89381-174-4
LX-201

TABLE DES MATIÈRES

INTRODUCTION

Ami lecteur,

C'est en pensant à toi, pour t'aider à être heureux et à résoudre tes problèmes de communication, que nous avons écrit ce livre. Nous savons que tu as très souvent de la difficulté à communiquer, à établir des contacts chaleureux, affectueux, à vivre en harmonie avec tes copains, tes parents, tes frères et sœurs, tes professeurs, tes compagnons de classe.

Nous savons aussi que tu as parfois de la difficulté à te faire de véritables amis.

- Aimerais-tu devenir maître de tes communications et te sentir sûr de toi lorsque quelqu'un t'émet un message ou lorsque tu as un message à transmettre à quelqu'un?
- Aimerais-tu que l'on t'écoute d'une oreille attentive?
- Aimerais-tu que l'on te comprenne mieux?
- Aimerais-tu faire comprendre à tes parents l'impuissance que tu ressens lorsqu'ils se chicanent?
- Aimerais-tu faire comprendre à tes professeurs ce qui se passe à l'intérieur de toi et le manque de motivation que tu ressens face à l'apprentissage de certaines matières?

Si oui, alors prépare-toi car ce livre t'amènera, étape par étape, dans l'univers fascinant et merveilleux de la communication. Les personnages que tu rencontreras sauront t'enseigner l'art de résoudre des problèmes de toutes sortes créés par le manque de communication.

Nous te demandons de faire attentivement chacun des exercices proposés dans ce livre de façon à bien expérimenter ce qui t'est enseigné. De plus, assure-toi de bien comprendre le sens de tous les mots que nous avons utilisés, jeune lecteur, car les personnages que tu rencontreras tout au cours de ta lecture emploient un langage précis avec lequel tu n'es peut-être pas entièrement familier. C'est pourquoi, afin que tu comprennes bien le vocabulaire qu'ils utilisent, nous avons défini pour toi plusieurs mots à la fin de ce livre. N'hésite pas à consulter ces définitions; cela t'aidera à comprendre davantage ce sujet important qu'est la communication. En tout temps, lors de ta lecture, si un mot qui n'est pas défini te paraît difficile à comprendre, soit parce que tu n'as jamais rencontré ce mot, soit parce qu'il a un sens différent de celui que tu lui donnes, utilise un dictionnaire. Si tu ne peux pas le faire, demande à tes parents ou à ton professeur de t'aider. Ainsi, la poursuite de ta lecture se fera dans un plaisir et un désir grandissants d'entrer dans le monde de la communication.

Bonne lecture et bon apprentissage, ami lecteur.

Chapitre 1

RENCONTRE INATTENDUE

Dans le silence du soir, une foule attentive observe les derniers préparatifs de départ d'un groupe d'enfants en vaisseau spatial. Les jeunes voyageurs font leurs dernières salutations à leur famille, puis leur vaisseau triangulaire s'élève de quelques mètres, tourne sur lui-même, scintille et s'envole à une vitesse vertigineuse. Il disparaît dans l'espace.

Ces enfants, choisis pour entreprendre un très long voyage d'étude dans la Voie lactée, partent dans l'espoir de découvrir, sur une autre planète, la solution qui mettra fin aux souffrances des humains. Le but de leur voyage est d'aller chercher des moyens pour que les habitants de la planète Terre réussissent à vivre ensemble, en harmonie.

— Reviendront-ils à temps? s'inquiète la foule.

Les gens discutent avec émotion du courage de ce groupe de jeunes, un garçon et une fille de chaque pays, qui ont accepté la très délicate mission de sauver la planète Terre de la violence qui l'envahit.

Malgré leur jeune âge, Alpha, Nova et leur groupe s'envolent, confiants de pouvoir mener à bien leur mission. Après un parcours de plusieurs semaines, sans avoir rencontré âme qui vive, une force mystérieuse immobilise soudainement le vaisseau non loin d'une planète habitée par des êtres fluorescents. Tout à coup, une voix se fait entendre à l'intérieur du vaisseau.

– Je vous salue, voyageurs de l'espace! Je vous demande de vous identifier et de me dire la raison de votre présence en ces lieux.

Les enfants restent figés de surprise d'être ainsi interpellés. Ils se rendent compte tout à coup que, bien qu'ils soient de nationalité et de langue différentes, ils ont tous compris le message. Stupéfaits, les enfants se regardent et Alpha prend alors l'initiative de répondre au nom du groupe.

– Nous venons de la planète Terre, dit-il. Nous sommes en mission à la recherche de solutions pour régler les problèmes de violence qu'il y a sur notre planète. C'est la raison de notre présence en ces lieux.

Nova enchaîne:

– Des millions de personnes sur terre vivent dans le silence, dans la peur et la terreur à cause de la violence. Des hommes, des femmes, des enfants supplient tous les jours pour qu'un changement se produise. Il est urgent que nous trouvions une solution!

Les enfants, qui écoutent attentivement le compte rendu fait par Alpha et Nova, indiquent par des signes de la tête qu'ils sont d'accord avec ce qui est dit. Soudain ils se rendent compte que, bien que Nova et Alpha soient d'une nationalité différente de la leur, chacun a compris le vocabulaire qu'ils ont utilisé. Sans le savoir, Nova et Alpha ont employé un langage universel.

Leur surprise est grande et tout le groupe d'enfants se met alors à parler en même temps. Tous veulent raconter les problèmes et les conflits qui ont entraîné la décision de faire en sorte qu'un couple d'enfants de dix à treize ans, de chaque nationalité, parte en mission et rapporte à son peuple un moyen de sauver la planète de la domination, de la peur, de la destruction qui y règnent.

Et, c'est dans ce tintamarre de voix que leur apparaît soudain un être tout scintillant! Nul ne sait comment il a pu entrer dans le vaisseau, et l'effet de surprise causé par son arrivée est d'une telle ampleur que les enfants, émerveillés, en restent un instant bouche bée. Jamais auparavant ils n'ont vu un être pareil! Quoique par son apparence translucide, sa forme et sa grandeur il leur fasse penser à un lutin de lumière sorti d'un conte, chaque enfant ressent une immense joie et un grand respect pour cette créature féerique et mystérieuse. Dans un désordre indescriptible, les enfants vont à droite et à gauche, tournant autour de cet être captivant, et leurs questions fusent de toutes parts:

- Qui êtes-vous?
- Comment êtes-vous entré?
- Par où êtes-vous passé?
- Comment se fait-il que vous soyez ici?

D'une voix douce et chaleureuse, le visiteur les invite à faire moins de tapage et, surtout, à ne pas parler tous en même temps, car il ne peut les comprendre. Les enfants se calment, et la mystérieuse créature se présente:

- Je suis Oméga, Maître de la communication. Je suis le gardien de la paix des univers. Je viens de la planète AZ126 et

Et c'est dans ce tintamarre de voix
que leur apparaît soudain un être tout scintillant!

une partie de mon rôle consiste à venir en aide aux voyageurs de l'espace qui veulent apprendre à vivre en paix.

Nova ose alors poser la question qui préoccupe chaque enfant.

— Oméga, dit-elle, connaissez-vous la solution à nos problèmes?

Oméga lui répond:

— Oh oui! Nova, et non seulement je connais la solution mais je sais aussi ce qui se passe sur ta planète, ce qui cause tant de difficultés. Je connais aussi tous vos noms à vous qui êtes ici en mission. Je veux que tes compagnons et toi sachiez tous que, si je suis parmi vous, en cet instant, c'est pour vous venir en aide. Jeunes voyageurs, il y a très, très longtemps que de la planète AZ126 nous observons votre planète, et nous entendons l'écho de vos paroles, l'écho de vos disputes, l'écho de vos conflits, l'écho de vos guerres, l'écho de votre violence! Nous nous demandons même s'il n'est pas trop tard pour vous venir en aide!

Et voici que les enfants se mettent à protester, à crier, à gesticuler, à supplier Oméga:

— Aidez-nous, Oméga! Enseignez-nous rapidement un moyen de régler nos problèmes pour que nous puissions vite retourner sur notre planète et faire ce que vous nous aurez recommandé.

Oméga ramène une deuxième fois le calme dans le vaisseau.

— Rassurez-vous, jeunes voyageurs de l'espace, dit-il, mon intention est de vous aider. Vous m'avez démontré, en venant jusqu'ici, que votre intention est claire et précise et que vous

15

êtes déterminés à apprendre les moyens de résoudre vos problèmes. Dites-moi, jeunes terriens, seriez-vous prêts à commencer votre apprentissage dès maintenant?

– Oh oui! répondent avec enthousiasme les enfants.

– Alors, comme première étape, dit Oméga, je vous demande de vous concentrer et de bien réfléchir à ces trois questions:

• Qu'est-ce qui provoque tant de conflits chez vous, dans vos familles, dans vos écoles, dans vos pays?

• De quelle façon exprimez-vous vos sentiments dans vos communications?

• De quelle façon démontrez-vous vos désaccords dans vos communications?

– C'est que..., s'empresse de répondre immédiatement Alpha.

Mais d'un geste doux, Oméga le rappelle à l'ordre et dit:

– Réfléchis, Alpha! Concentre-toi, ne réponds pas trop vite. Essaie plutôt de te rappeler le souvenir d'un moment où tu ne t'es pas bien entendu avec quelqu'un et que cela a entraîné, soit une révolte, soit un conflit, soit un combat. Repère bien ce moment et, quand tu l'auras trouvé, rappelle-toi cette scène en entier. Il est important que tu observes bien tout ce qui s'est passé dans cette situation: revois ton attitude, l'attitude des autres, ce que chacun d'entre vous voulait obtenir. Retrouve aussi tes sentiments d'alors, ta façon de communiquer. Surtout, ne te mens pas à toi-même, ne tente pas d'enjoliver, ni d'exagérer la situation! C'est ainsi et seulement ainsi que tu pourras découvrir les véritables raisons pour lesquelles tu ne t'es pas bien entendu avec certaines personnes.

Oméga invite tout le groupe à faire de même, puis il disparaît comme il est apparu.

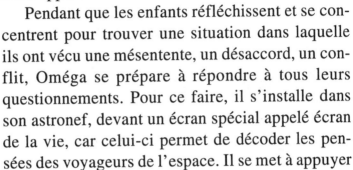

Pendant que les enfants réfléchissent et se concentrent pour trouver une situation dans laquelle ils ont vécu une mésentente, un désaccord, un conflit, Oméga se prépare à répondre à tous leurs questionnements. Pour ce faire, il s'installe dans son astronef, devant un écran spécial appelé écran de la vie, car celui-ci permet de décoder les pensées des voyageurs de l'espace. Il se met à appuyer sur certains boutons afin d'observer clairement les souvenirs qui se déroulent dans la pensée de chacun des enfants. Oméga y aperçoit alors d'épais nuages noirs causés par des villes incendiées dans des pays en guerre. Il y voit aussi l'épuisement et la désolation de certains peuples souffrant de la domination. Puis actionnant de nouveau les boutons de contrôle, il aperçoit les habitants de villages entiers, forcés de quitter leurs maisons car leurs terres sont devenues stériles à cause de la cupidité des hommes à vouloir faire fortune sans se préoccuper des dommages causés à la nature. Il voit aussi des forêts immenses se faire déraciner et faire place au désert. Actionnant ensuite d'autres boutons, Oméga voit, dans la pensée des enfants, des familles se chicaner, se déchirer, se séparer. Il observe comment les membres d'une même famille s'accusent, se critiquent, se blâment au lieu de résoudre leurs problèmes, leurs désaccords. Il voit aussi comment, pour avoir un bien-être personnel, un individu est prêt à nuire aux autres membres de sa famille et même à les détruire. Il voit aussi, dans plusieurs continents de la planète, dans plusieurs pays, une population démunie, affamée, alors que les riches de ces pays vivent dans l'abondance. Et il sait très bien que le problème ne vient pas d'ailleurs que du cœur des hommes! Oméga se met ensuite à réfléchir, à se concentrer sur ce désir profond, cet intérêt malsain qui pousse tant d'humains à vouloir posséder toujours plus, à vouloir être en compétition avec leurs semblables et à vouloir dominer un plus faible.

Pendant ce temps, Alpha, Nova et les enfants se rappellent ces situations où ils étaient en conflit, en révolte, ces moments où leur pays était en guerre, ces moments où la famine sévissait, ces moments où la domination régnait en maître. Ils se rappellent aussi leurs difficultés familiales, leurs chicanes entre frères et sœurs, les mésententes entre leurs parents, les mésententes entre leurs parents et les autres membres de la famille et aucun d'entre eux ne se sent heureux, ne se sent compris. Chacun ressent soit de la peine, soit de l'animosité, soit des tensions, soit de la révolte, soit de la honte, soit de la culpabilité pour ne pas avoir pu empêcher des membres de sa famille, ses frères et sœurs, ses parents, ses grands-parents d'en arriver à se détester.

Ayant terminé sa réflexion, Alpha se demande bien s'il reverra Oméga. Au même instant, Oméga apparaît accompagné d'un autre visiteur de sa planète portant un plateau de fruits exotiques. Oméga veut accueillir ces jeunes voyageurs de l'espace en leur offrant une collation spéciale. Les enfants s'étonnent de voir la forme et la couleur des fruits qui leur sont offerts.

– C'est bizarre! dit Alpha.

– As-tu vu la grosseur de ces fruits? demande Igor.

– J'ai peur d'y goûter! dit Nova.

Mais ces fruits semblent si savoureux que les enfants se laissent tenter et décident d'y croquer à pleines dents. À leur grand étonnement, ils constatent n'avoir jamais goûté une nourriture aussi succulente. Pendant que les jeunes voyageurs terminent leur collation, Oméga installe un grand écran d'ordinateur. Il invite ensuite les enfants à venir s'asseoir en face de l'écran, en demi-cercle, afin que tous puissent voir et se rendre compte de ce qui se passe dans leur pays respectif. Oméga avise alors les enfants que cet écran est le miroir de la vie, puis il allume l'écran et fait ensuite défiler, sous leurs regards ébahis, les souvenirs auxquels chaque enfant a pensé plus tôt. Les enfants n'en reviennent pas!

Oméga leur dit alors:

– Vous avez observé à l'écran plusieurs scènes de conflits. Avez-vous remarqué que, sur votre planète, les mêmes problèmes de mésententes se vivent dans chaque pays, dans chaque famille? Avez-vous observé le manque d'écoute, le manque d'amour entre les gens? Avez-vous vu les enfants malheureux de ces faits? Pourquoi ne vous aimez-vous donc pas sur la planète Terre? Pourquoi faut-il qu'un plus fort essaie de gagner sur un plus faible? Pourquoi faut-il qu'un plus fort ait raison même s'il a tort? Vous venez demander de l'aide pour résoudre vos problèmes et je vous dis ceci: c'est en chacun de vous que se trouve la solution. Il est essentiel que chacun de vous renonce à son instinct de domination, qu'il renonce à ridiculiser, à dénigrer, à diminuer un autre, à se penser plus fin, à se moquer des autres! C'est à cette condition et seulement à cette condition que la paix et l'harmonie pourront renaître sur la planète Terre!

Oméga demande alors à Hamid:

— Peux-tu me dire comment tu te sens en face de l'un de tes compagnons qui n'a pas la même couleur de peau que toi?

Hamid répond:

— Mal à l'aise, parce qu'on est différents.

— Et toi, Mathias, peux-tu me dire comment tu te sens devant un enfant qui parle une langue qui t'est étrangère? demande encore Oméga.

— Je ne sais pas ce qu'il dit, répond Mathias, alors je me moque un peu de lui!

Oméga continue:

— Et vous, John et Mary, vous sentez-vous supérieurs à d'autres de votre groupe?

En guise de réponse, les enfants baissent la tête.

— Et vous, Hito et Assam, comment vous sentez-vous de porter une tenue vestimentaire et d'avoir une coiffure très différentes de celles des autres? interroge Oméga.

— Mal, car on rit de nous, répondent les deux enfants.

Oméga explique aux enfants que, tant qu'ils ne communiquent pas leurs sentiments, il leur est difficile d'apprendre à vivre ensemble, de pouvoir s'entendre entre eux et encore plus difficile de pouvoir se comprendre et se respecter.

Oméga demande alors aux enfants:

— Voulez-vous vraiment comprendre comment les humains devraient vivre pour réussir à être en paix les uns avec les autres?

Tous répondent, d'un même élan:

– Oh oui!

Et Oméga leur dit:

– Puisque, pour les humains, une image vaut mille mots, je vous invite à regagner vos sièges et à attacher vos ceintures car nous allons survoler la planète de la cohésion, appelée AZ126.

Le vaisseau spatial est alors mis en marche et s'approche rapidement de la planète. C'est dans un silence total et un émerveillement grandissant que les enfants découvrent comment vivent les êtres de cette planète. Oméga leur fait voir à l'écran comment l'amitié, la fraternité, l'entraide, la paix, l'amour se vivent sur cette immense et radieuse planète. Les enfants n'en croient pas leurs yeux lorsqu'ils constatent qu'il n'y a pas de mauvaise compétition chez les êtres de cette planète: chacun contribue au bien-être de chacun et tous ont les mêmes droits, les mêmes obligations et les mêmes libertés. Les richesses et les tâches sont équitablement partagées. Oméga presse ensuite un bouton permettant à tous les enfants de voir, à l'écran de la vie, leur planète, leur pays, leur famille. Les enfants sont étonnés de constater la différence qui existe entre ces deux mondes; ils commencent à comprendre la différence entre la cohésion et la domination, la différence entre la solidarité et l'irresponsabilité. Ils voient aussi se dérouler sous leurs yeux certaines injustices provoquées par la bêtise humaine. Les enfants comprennent soudain que plusieurs humains sont incapables de s'entendre entre eux et que, pour avoir la paix, ils se font la guerre. Ils observent de plus que sur la planète Terre, l'égoïsme règne et que la majorité des gens ne vit qu'en fonction de ses intérêts personnels, sans se soucier des conséquences de ses actions sur les autres. Les enfants se rendent compte, avec tristesse, que la haine a remplacé l'amour dans le cœur de nombreux habitants de la Terre.

Après avoir fait visionner aux enfants les différents modèles de relation existant dans les deux mondes, Oméga ramène leur vaisseau près de son astronef. Alpha lui demande alors:

— Dites-moi, Oméga, pourrons-nous, un jour, vivre en paix comme dans votre monde, sur notre planète? Croyez-vous que nous pourrons arriver à nous entendre?

— Vois-tu, Alpha, dit Oméga, il est difficile de répondre à ces questions. Pour vivre en harmonie sur une planète, il existe des règles bien précises à observer. Les humains voudront-ils tous se conformer à ces règles? Qu'en dis-tu, Alpha?

— Ce sera notre mission de leur faire comprendre et accepter ces règles, répond Alpha. Nous devons réussir!

— Oh oui! disent les autres enfants. Nous voulons réussir.

Oméga ajoute alors:

— Sur la planète AZ126, nous utilisons des règles de communication qui nous permettent de nous comprendre. Ces règles permettent à chacun de nous d'entrer en contact et d'être certain d'être entendu. C'est un code universel qui n'existe pas sur votre planète. Je ne sais pas si les humains voudront utiliser ce code! Mais puisque c'est votre mission, c'est à vous que reviendra la tâche de le leur enseigner après l'avoir appris et après l'avoir entièrement compris, bien entendu! Jeunes voyageurs, vous avez pu observer que, sur votre planète, beaucoup de gens ne s'écoutent pas réellement, ne s'entendent pas vraiment; les gens parlent très souvent en même temps. Cela, vous en conviendrez, réduit à zéro la possibilité de maintenir des communications amicales, loyales, fraternelles et provoque les débats, les combats, les chicanes, les obstinations et les oppositions qui font que les gens se retrouvent malheureux, désemparés et seuls. C'est pour toutes ces raisons que la haine a remplacé l'amour dans le cœur de beaucoup d'humains. Vous savez, les enfants, de grands Messagers ont visité les peuples de la Terre pour leur enseigner l'Amour et la Fraternité, mais la majorité des humains n'a pas écouté leurs messages. C'est pour cela que la violence a persisté. Vous tous, jeunes visiteurs, à votre retour, vous vous devrez de jouer le rôle de messagers et vous vous devrez, de plus, d'aider les humains à apprendre à s'aimer les uns les autres.

Oméga entend un retentissant:

– Oh oui! venant spontanément de chacun des enfants.

Nova prend la parole au nom du groupe:

– Oméga, nous voulons apprendre et comprendre les règles que vous appliquez sur votre planète, pour nous permettre de réussir notre mission.

Devant le désir si évident qu'ont les enfants d'apprendre les règles de communication indispensables à l'établissement et au maintien de l'amitié, de la fraternité, de l'amour et de l'harmonie, Oméga décide de les leur enseigner.

Un immense couloir de lumière jaillit…
Suivez-moi, dit-il aux enfants.

Chapitre 2

LES SEPT ÉLÉMENTS
DE LA COMMUNICATION

— Je vous invite à vous approcher de la sortie, dit Oméga, afin que nous puissions changer de vaisseau spatial, car c'est dans mon astronef que se trouve l'équipement nécessaire à votre apprentissage.

Les enfants s'approchent en toute confiance de la sortie, puis Oméga fait un mouvement presque imperceptible des yeux et, instantanément, un immense couloir de lumière jaillit, conduisant à un autre vaisseau spatial.

— Suivez-moi! dit-il aux enfants.

Les enfants n'en croient pas leurs yeux! Émerveillés par cette radieuse lumière, ils pénètrent dans le couloir. Ils éprouvent un bien-être et une paix qu'ils n'ont jamais ressentis auparavant. Ils se sentent légers, très légers et plus aucun problème ne les préoccupe.

— C'est comme un rêve!

— C'est fantastique!

— C'est incroyable!

— C'est merveilleux!

— C'est extraordinaire! s'exclament les enfants en suivant Oméga.

Lorsqu'ils arrivent au bout du couloir de lumière, ils se retrouvent à l'intérieur d'un immense astronef, dans un local qui ressemble étrangement à une salle de classe.

— Wow! s'écrient les enfants devant le nombre d'ordinateurs installés sur les tables.

Alpha, prenant la parole, demande à Oméga:

— Serions-nous donc dans une salle de classe?

Oméga de lui répondre:

— Tu as parfaitement deviné, Alpha. Nous sommes effectivement dans une salle de classe et chacun de vous a un écran personnel pour faciliter son apprentissage.

Oméga, sachant très bien la curiosité que peuvent avoir les enfants terriens, les avise qu'ils pourront bientôt s'amuser avec le clavier de leur ordinateur. Puis Oméga répond à toutes les questions que les enfants lui posent concernant les instruments de commande de son astronef.

— Vous pouvez maintenant choisir votre place, dit Oméga.

Les enfants choisissent rapidement une place et regardent attentivement leur ordinateur personnel. Ils découvrent avec surprise que, sur sept touches du clavier, de drôles de petits personnages sont gravés. Oméga leur dit:

— Ne touchez pas au clavier avant que j'en aie expliqué le fonctionnement!

À peine Oméga a-t-il le temps d'achever son avertissement qu'un des enfants décide de presser, au hasard, une des touches. Instantanément, l'écran de l'ordinateur s'allume et un retentissant bip... bip... bip... bip... se fait entendre. Des courants de lumière ressemblant à des éclairs fusent alors de l'ordinateur. Aussitôt, certains enfants lui crient:

    – Qu'as-tu fait là, Éduardo?

    – Oh non!

    – Qu'est-ce qui va se passer?

    – Regarde ce que tu as fait!

    – Ne vous en faites pas, les enfants, dit Oméga. Aucune touche ne peut fonctionner. Éduardo, veux-tu lire le message inscrit à ton écran personnel?

    Éduardo lit à haute voix:

> *«Jeune apprenti, aucune communication ne peut être acheminée sans le code d'entrée ou, si tu préfères, dans ton langage terrien, sans mot de passe.»*

    – Oh! Ah! Fiou! soupirent de soulagement les enfants.

    Oméga inscrit alors le code d'entrée et dit aux enfants:

    – Je vais maintenant vous faire entrer dans l'univers de la communication. Puisque votre mission est d'établir la paix sur votre planète, vous devez être très attentifs à mon enseignement, sans quoi vous n'atteindrez pas votre but. Je vous présente donc les sept éléments de l'univers de la communication, qui ont chacun leur personnalité bien à eux.

    Les petits personnages gravés sur les touches du clavier apparaissent instantanément à l'écran géant. Ils font quelques pas de danse, une révérence et puis s'en vont.

    – Oh! Ah! Wow! Qui sont-ils? demandent les enfants.

    – Ce sont les sept éléments de la communication et ils deviendront vos règles de vie pour établir la paix sur votre planète, répond Oméga.

Puis il presse la touche sur laquelle est gravé un personnage ayant l'aspect d'un crayon.

L'écran géant se met à scintiller d'étoiles et un magnifique personnage apparaît et se présente:

– Mes salutations à vous, jeunes terriens! Je suis Élément 5 - 13 - 5 - 20 - 20 - 5 - 21 - 18. Vous devez décoder cette combinaison de chiffres afin de connaître mon nom. Je suis Élément __ __ __ __ __ __ __ __. Voici le code: chaque chiffre correspond à une lettre de votre alphabet terrien. Exemple: le chiffre 1 correspond à la lettre A, le chiffre 2 correspond à la lettre B, et ainsi de suite.

Puis il poursuit:

– Je suis un élément indispensable à toute communication car je suis un des porte-clés de la communication et c'est de moi que part le message. À plus tard!

Et, il disparaît de l'écran.

Oméga demande alors aux enfants:

– Avez-vous réussi à déchiffrer l'identité de ce personnage-élément?

– Oui, répondent-ils.

– Très bien, dit Oméga. Vous pouvez l'inscrire à votre écran.

C'est avec enthousiasme que les enfants s'empressent d'inscrire leur réponse à leur écran personnel.

Oméga leur laisse le temps nécessaire pour le faire. Il appuie ensuite sur une autre touche du clavier et un magnifique personnage ayant l'aspect d'un cahier apparaît et se présente.

– Bonjour, jeunes voyageurs de l'espace! Je suis Élément 18 - 5 - 3 - 5 - 16 - 20 - 5 - 21 - 18. Vous devez décoder cette combinaison de chiffres afin de connaître mon nom. Je suis Élément __ __ __ __ __ __ __ __ __. Je suis un des porte-clés de la communication. C'est moi qui reçois le message, et sans moi vous risquez d'attendre longtemps une réponse. Je suis un élément indispensable à toute communication. À tantôt, jeunes voyageurs!

Et, il s'en va.

Oméga dit aux enfants:

– Vous pouvez inscrire le résultat de votre décodage à votre écran.

Les enfants s'empressent d'inscrire leur résultat à leur ordinateur. Dès qu'ils ont terminé, Oméga actionne la touche sur laquelle est dessiné un mystérieux personnage ressemblant étrangement à un poste de radio et il se produit alors un brouillage sonore et visuel à l'écran. Des parasites empêchent de voir et d'entendre la suite de la présentation. Puis l'image s'éclaircit et le son devient audible. Les enfants aperçoivent alors un personnage en train de syntoniser leur fréquence.

– Bonjour! dit-il. Je suis Élément 19 - 25 - 14 - 20 - 15 - 14 - 9 - 19 - 1 - 20 - 9 - 15 - 14. Vous devez décoder cette combinaison de chiffres afin de connaître mon nom. Je suis Élément __ __ __ __ __ __ __ __ __ __ __ __ __. Je suis le code d'entrée de la communication. Avec moi, il n'y a

29

aucun brouillage possible mais, en mon absence, vous vous retrouverez vite dans un épais brouillard d'incompréhension. Je suis un élément indispensable à toute communication. À bientôt!

Sur ce, il disparaît en laissant un brouillage à l'écran.

Oméga demande alors:

— Avez-vous réussi à faire le décodage, les enfants?

— Oui, répondent-ils.

— Très bien! Alors, inscrivez votre réponse à votre écran, dit Oméga.

Les enfants, très intéressés, ont hâte de rencontrer les autres personnages et s'empressent d'inscrire le résultat de leur décodage.

— Il reste encore quatre touches qui n'ont pas été actionnées, les informe Oméga.

Il invite Maryse à peser sur un bouton de son choix. Maryse choisit alors la touche du personnage ayant l'aspect d'un ballon. Immédiatement, un personnage imprévisible, tout souriant, rebondit à l'écran.

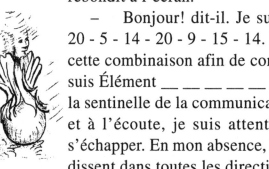

— Bonjour! dit-il. Je suis Élément 1 - 20 - 20 - 5 - 14 - 20 - 9 - 15 - 14. Vous devez décoder cette combinaison afin de connaître mon nom. Je suis Élément __ __ __ __ __ __ __ __ __. Je suis la sentinelle de la communication. Je suis présent et à l'écoute, je suis attentif à ne rien laisser s'échapper. En mon absence, les messages rebondissent dans toutes les directions sans jamais être captés. Je suis un élément indispensable à toute communication. Je vous salue, jeunes terriens!

Et d'un bond, il disparaît de l'écran.

Oméga dit alors:

– Vous pouvez inscrire le résultat de votre décodage à votre écran, les enfants.

C'est ce qu'ils s'empressent de faire.

Devant toutes ces images intéressantes et fascinantes, Nova, un peu surexcitée, demande à Oméga:

– Puis-je appuyer sur une touche?

Oméga répond:

– Tu as ma permission. Choisis parmi les trois touches qui n'ont pas été pressées.

Sitôt dit, sitôt fait et un élégant personnage masqué se présente alors à l'écran.

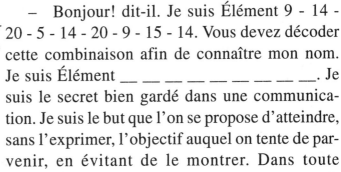

– Bonjour! dit-il. Je suis Élément 9 - 14 - 20 - 5 - 14 - 20 - 9 - 15 - 14. Vous devez décoder cette combinaison afin de connaître mon nom. Je suis Élément __ __ __ __ __ __ __ __ __. Je suis le secret bien gardé dans une communication. Je suis le but que l'on se propose d'atteindre, sans l'exprimer, l'objectif auquel on tente de parvenir, en évitant de le montrer. Dans toute communication, ma présence doit être annoncée, sinon elle doit être démasquée afin d'éviter les mauvaises surprises. Je suis un élément indispensable à toute communication. Au revoir!

Et retirant son masque, il quitte l'écran.

Oméga demande alors aux enfants:

– Avez-vous réussi à déchiffrer l'identité de ce personnage-élément?

– Oui, affirment-ils.

— Très bien! dit Oméga. Vous pouvez l'inscrire à votre écran.

Les enfants s'exécutent.

Roberto demande:

— Oméga, j'aimerais ça presser une touche, moi aussi. Puis-je le faire?

— Êtes-vous d'accord les enfants? demande Oméga.

Ayant tous hâte de voir surgir un nouveau personnage, ils répondent:

— Oui, d'accord.

Alors Roberto appuie sur l'une des deux dernières touches et un personnage sérieux, ayant l'aspect d'un magnétophone apparaît à l'écran.

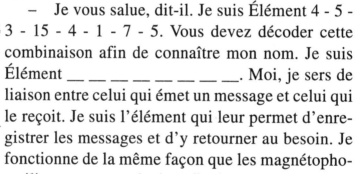

— Je vous salue, dit-il. Je suis Élément 4 - 5 - 3 - 15 - 4 - 1 - 7 - 5. Vous devez décoder cette combinaison afin de connaître mon nom. Je suis Élément __ __ __ __ __ __ __ __. Moi, je sers de liaison entre celui qui émet un message et celui qui le reçoit. Je suis l'élément qui leur permet d'enregistrer les messages et d'y retourner au besoin. Je fonctionne de la même façon que les magnétophones que vous utilisez sur votre planète afin de ne pas perdre vos chansons préférées. Je suis l'enregistrement de tous les messages émis en ma présence. Je suis votre aide-mémoire car je reproduis fidèlement le contenu du message sans le diminuer, sans l'amplifier, sans l'altérer. Sans moi, il serait difficile d'avoir l'heure juste sur une communication. Je suis un élément indispensable à toute communication. À bientôt! dit-il en rembobinant sa bande magnétique.

Et il quitte l'écran.

Oméga dit alors aux enfants:

— Vous pouvez inscrire le résultat de votre décodage à votre écran.

C'est ce que les enfants s'empressent de faire.

Alpha demande ensuite:

— Puis-je appuyer sur la dernière touche, Oméga?

— Qu'en dites-vous? demande Oméga au groupe.

— D'accord! répondent les enfants.

Alpha s'empresse d'appuyer sur la touche du clavier. C'est alors qu'apparaît à l'écran un personnage à l'œil vif ayant un rétroviseur à l'avant et un autre de chaque côté de la tête.

— Bonjour! dit-il, en regardant les enfants dans ses rétroviseurs. Je suis Élément 18 - 5 - 20 - 18 - 15 - 1 - 3 - 20 - 9 - 15 - 14. Vous devez décoder cette combinaison afin de connaître mon nom. Je suis Élément __ __ __ __ __ __ __ __ __ __ __. Je suis l'élément qui scrute les communications. De même que sur votre planète un conducteur d'automobile utilise un rétroviseur pour regarder vers l'arrière, moi je retourne en arrière dans les communications pour les vérifier. Je suis un vérificateur, c'est-à-dire qu'en faisant un retour, je vérifie la présence de chacun de mes compagnons éléments de la communication. Je vérifie ainsi si le message a bien été compris. Je sers aussi à faire comprendre comment un problème s'est créé. Je suis un élément indispensable à toute communication. Au revoir!

Regardant dans ses rétroviseurs, il quitte l'écran.

Oméga éteint alors le grand écran et dit aux enfants:

— Vous avez réussi à déchiffrer l'identité de ce personnage-élément, alors inscrivez-la à votre écran.

Les enfants s'empressent d'inscrire leur résultat à leur ordinateur. Puis Oméga leur dit:

— Jeunes terriens, ces sept éléments-personnages que vous venez de rencontrer sont indispensables à toute communication. Sur les planètes où les habitants utilisent ces sept éléments, aucun malentendu, aucun conflit, aucune guerre ne peuvent éclater! Vous savez, les enfants, la communication ne doit pas être laissée au hasard, comme c'est malheureusement le cas sur votre planète. La communication, pour être réussie, nécessite votre présence, votre attention. Les terriens doivent apprendre à connaître les sept éléments que vous venez de rencontrer afin de savoir les utiliser; c'est ainsi qu'ils pourront résoudre habilement les embûches de la vie. Pour vaincre le hasard et rester vainqueur, il vous suffit donc d'apprendre à maîtriser les sept éléments de la communication que je viens de vous présenter et, lorsque je dis maîtriser, jeunes terriens, cela veut dire «en devenir maître», conclut Oméga.

Puis Oméga continue:

— Je sais très bien que vous avez hâte de faire plus ample connaissance avec les compagnons de la communication, mais je vous invite d'abord à me démontrer que vous avez réussi à décoder leur identité.

En deux temps, trois mouvements, les enfants appuient sur une touche et le résultat de leur décodage apparaît à leur écran personnel. Lorsque leur décodage est réussi, le personnage apparaît à l'écran, à côté de son nom, et les salue, tout souriant.

ÉLÉMENT	5	13	5	20	20	5	21	18				
JE SUIS ÉLÉMENT	É	M	E	T	T	E	U	R				

ÉLÉMENT	18	5	3	5	16	20	5	21	18			
JE SUIS ÉLÉMENT	R	É	C	E	P	T	E	U	R			

ÉLÉMENT	19	25	14	20	15	14	9	19	1	20	9	15	14
JE SUIS ÉLÉMENT	S	Y	N	T	O	N	I	S	A	T	I	O	N

ÉLÉMENT	1	20	20	5	14	20	9	15	14
JE SUIS ÉLÉMENT	A	T	T	E	N	T	I	O	N

ÉLÉMENT	9	14	20	5	14	20	9	15	14
JE SUIS ÉLÉMENT	I	N	T	E	N	T	I	O	N

ÉLÉMENT	4	5	3	15	4	1	7	5
JE SUIS ÉLÉMENT	D	É	C	O	D	A	G	E

ÉLÉMENT	18	5	20	18	15	1	3	20	9	15	14
JE SUIS ÉLÉMENT	R	É	T	R	O	A	C	T	I	O	N

Devant cette rapidité d'exécution et après avoir vérifié les résultats, Oméga, le maître de la communication, confirme:

– C'est une réussite, c'est un décodage parfait! Maintenant que vous connaissez l'identité des éléments de la communication, il vous sera facile d'entrer en contact avec chacun d'eux pour apprendre à les connaître davantage.

Oméga allume l'écran géant et les sept éléments de l'univers de la communication apparaissent. Élément-Émetteur prend la parole au nom de ses six compagnons.

– Tous les sept réunis, dit-il, nous formons un tout. Nous sommes les clés du royaume de la Paix, de l'Amour et de la Fraternité. Apprenez à nous utiliser adéquatement, comprenez notre but, notre rôle et notre fonctionnement et nous ferons pour vous des merveilles. Ainsi, votre monde deviendra plus harmonieux!

Puis Élément-Récepteur se joint à Élément-Émetteur et affirme:

– Amis terriens, pour sauver votre planète, vous devez apprendre à nous maîtriser, apprendre à nous utiliser, apprendre à repérer les moments où nous avons été mal utilisés ou pas utilisés du tout, dans vos communications du passé, sur la planète Terre. Toute votre attention est nécessaire à votre apprentissage afin de ne pas perdre de temps et de pouvoir retourner au plus tôt sauver votre planète.

Puis cinq des sept éléments de la communication disparaissent, laissant la place à Élément-Émetteur et à Élément-Récepteur.

Chapitre 3

ÉLÉMENT-ÉMETTEUR
ET ÉLÉMENT-RÉCEPTEUR:
LES PORTE-CLÉS
DE LA COMMUNICATION

Élément-Émetteur et Élément-Récepteur déclarent ensemble:

—Tous les deux, nous sommes indissociables. C'est à deux que nous portons les clés de la communication. À partir du moment où on nous isole, le mot communication ne peut continuer d'exister. Si l'un ou l'autre de nous deux n'existait pas, comment pourrions-nous émettre ou recevoir un message?

— Dites-moi, les enfants, dit Élément-Émetteur, aimez-vous parler tout seuls? Aimez-vous demander quelque chose à quelqu'un et que cette personne ne vous réponde pas? Aimez-vous, après avoir parlé à quelqu'un, constater que cette personne ne vous a pas entendus? Êtes-vous heureux quand vous n'avez personne à qui raconter vos exploits?

— Et moi, enchaîne Élément-Récepteur, je vous demande ceci: aimez-vous quand personne ne vous parle? Aimez-vous

Mon but à moi, Élément-Émetteur, est d'établir des contacts.

lorsqu'on ne vous demande pas votre opinion? Êtes-vous malheureux, seuls, sans amis?

Élément-Émetteur poursuit:

— Pour faciliter votre mission, sachez, jeunes visiteurs terriens, que mon but à moi, Élément-Émetteur, est d'établir des contacts en émettant des messages. Je dois rencontrer des récepteurs pour établir une communication. Tant que mon message n'est pas reçu, je ne suis pas satisfait et je dois continuer d'émettre. Pour être capté, mon message doit passer directement de moi à la personne qui doit le recevoir. Moi, Élément-Émetteur, je ne peux accepter que mon message soit altéré, diminué ou transformé en cours de route. Je dois tout faire pour que cela n'arrive pas, sinon j'aurais plusieurs problèmes! Heureusement que j'ai des amis-éléments qui m'assistent!

Puis Élément-Émetteur demande l'assistance d'Oméga:

— Maître Oméga, voulez-vous démontrer aux enfants comment faire pour m'utiliser correctement?

Oméga répond:

— Bien sûr, avec plaisir.

Oméga dit alors aux enfants:

— Amis terriens, j'ai vu que, pour communiquer à distance sur la planète Terre, vous utilisez un petit poste émetteur-récepteur portatif de radio.

Nova interroge:

— Voulez-vous dire un «talkie-walkie»?

— Oui, c'est ça, dit Oméga. Connaissez-vous le fonctionnement de cet appareil?

— Oui. Moi, j'en possède un, dit Igor.

— Moi, je n'en possède pas, mais à l'école on en a un. Je connais ça, dit Joao.

— Moi aussi, je connais ça! Moi aussi! disent les autres voyageurs.

Comme tous les enfants connaissent le fonctionnement du talkie-walkie, Oméga demande alors:

— Comment un message peut-il être transmis et capté avec cet appareil?

Alpha répond:

— Il faut que les deux «talkies-walkies» soient en opération et que deux personnes aient envie de jouer ensemble. Quand je veux émettre, je presse le bouton «émission», j'émets mon message ensuite, je relâche le bouton puis je suis attentif à ce qu'on me réponde. Si je n'obtiens pas de réponse, j'émets à nouveau.

— Et qu'arriverait-il si vous pesiez sur le bouton «émission» tous les deux en même temps? demande Oméga.

— Aucune émission ne se ferait, répond Nova. Avec cet appareil-là, c'est à tour de rôle qu'on peut émettre, sinon le message s'en irait dans la brume, il ne serait pas reçu parce que les deux participants seraient en position «émission» en même temps.

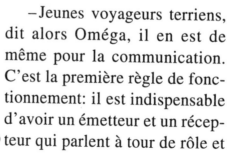

—Jeunes voyageurs terriens, dit alors Oméga, il en est de même pour la communication. C'est la première règle de fonctionnement: il est indispensable d'avoir un émetteur et un récepteur qui parlent à tour de rôle et

Jeunes terriens, mon but n'est pas compliqué
mais il est très, très important!

écoutent à tour de rôle. Lorsque, sur votre planète, un émetteur et un récepteur veulent parler en même temps, que de problèmes... que de problèmes... Et maintenant, c'est au tour d'Élément-Récepteur de vous faire connaître son but.

— Merci, Maître Oméga! dit Élément-Récepteur.

Et, se tournant vers les enfants, il ajoute:

— Jeunes terriens, mon but n'est pas compliqué mais il est très, très important! Il consiste à favoriser des échanges avec un émetteur, c'est-à-dire à capter les messages qui me sont émis, à les analyser, à les vérifier, à les mesurer afin de pouvoir à mon tour en discuter et donner mon opinion à leur sujet. Pouvez-vous voir l'importance de ma présence dans une communication?

— Oui, répondent les enfants.

Élément-Récepteur ajoute:

— Je suis indissociable de l'émetteur car, si je ne pouvais pas recevoir de message, je me retrouverais sans contact.

Oméga intervient alors et dit:

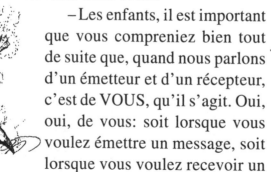

— Les enfants, il est important que vous compreniez bien tout de suite que, quand nous parlons d'un émetteur et d'un récepteur, c'est de VOUS, qu'il s'agit. Oui, oui, de vous: soit lorsque vous voulez émettre un message, soit lorsque vous voulez recevoir un message. Lorsque vous posez une question à un récepteur, vous devez, après l'avoir posée, vous arrêter de parler pour recevoir la réponse. À ce moment-là, c'est à vous de jouer le rôle de récepteur; par la suite, vous pourrez jouer de nouveau le rôle d'émetteur, exactement comme si vous utilisiez un talkie-walkie. Il est indispensable, pour votre mission, que vous compreniez bien votre rôle d'émetteur et votre rôle de récepteur. Vous aurez, ajoute Oméga, à me démontrer votre compréhension du fonctionnement des éléments de la communication afin d'être bien capables de vous en servir efficacement pour sauver la planète Terre.

Conscients de leur mission, les enfants sont très intéressés à apprendre cette façon de communiquer.

Puis Élément-Émetteur reprend la parole:

— Le rôle de l'émetteur consiste à établir une communication. Les enfants, n'oubliez jamais dans vos communications que, lorsque vous émettez un message:

1° vous devez être sur la même longueur d'onde que celui à qui vous émettez votre message;

2° vous devez demander l'attention du récepteur et vous devez porter votre attention au message que vous émettez;

3° vous devez avoir l'intention d'émettre ce message et vous devez vérifier si les intentions de votre récepteur sont compatibles avec les vôtres;

4° vous devez émettre clairement votre message afin que votre récepteur le décode avec exactitude;

5° vous devez demander à votre récepteur de faire un résumé du message qu'il a reçu afin d'avoir la certitude qu'il vous a bien compris.

– Maintenant, ajoute Élément-Émetteur, je veux vous faire voir, à votre écran personnel, une scène dans laquelle un problème a surgi en mon absence. Observez bien ceci.

Et, une scène apparaît à l'écran de chacun des enfants.

> *C'est la récréation. Jean se tient appuyé au mur de l'école, à l'écart d'un groupe. Il regarde les enfants jouer à différents jeux.*
>
> *– Comme j'aimerais jouer avec eux! se dit-il en lui-même.*
>
> *Il avance vers le groupe puis, soudain, il s'arrête et revient sur ses pas.*
>
> *– S'il fallait qu'ils refusent de jouer avec moi, se dit-il, j'en serais très malheureux!*
>
> *Alors, au lieu d'aller vers le groupe et «de» demander s'il peut jouer, Jean passe le temps de la récréation à «se» demander s'il doit y aller. Et la récréation se termine, laissant Jean penaud, triste de ne pas avoir su entrer en contact.*

Après avoir fait visionner cette scène aux enfants, Élément-Émetteur leur dit:

– Une difficulté à émettre a toujours des conséquences pénibles! Je laisse maintenant la parole à Maître Oméga.

– Amis voyageurs, dit Oméga, vous connaissez maintenant le premier élément de la communication. Il est porte-clés

 de la communication et il est venu vous aider à réaliser votre mission. C'est pourquoi, je vous ai préparé un exercice pratique à faire afin de bien mesurer votre compréhension du rôle d'Élément-Émetteur. Voici mes instructions: prenez le temps de bien réfléchir avant de faire l'exercice afin de bien répondre. Prenez le temps de vous rappeler une scène réelle et assurez-vous de voir clairement comment elle s'est passée. Il est important que vous vous rappeliez cette scène en entier afin de bien comprendre l'ampleur du rôle d'Élément-Émetteur.

— Vous êtes prêts, maintenant, les enfants? demande Oméga.

— Oui, nous sommes prêts, affirment-ils.

Oméga appuie donc sur une touche d'un clavier et l'exercice à faire apparaît à l'écran personnel de chacun des enfants.

> *— Rappelle-toi une situation qui t'est déjà arrivée et dans laquelle tu n'as pas osé dire ce que tu voulais dire, ce que tu aimais ou ce que tu n'aimais pas, ce que tu voulais ou ce que tu ne voulais pas.*
>
> *— Réflexion.*
>
> *— T'es-tu senti mal de ne pas oser dire ce que tu avais à dire?*
>
> *— Réponse:*
>
> *— Quelles ont été les conséquences de ne pas avoir su émettre ton message?*
>
> *— Réponse:*
>
> *— Quel reproche t'en es-tu fait?*
>
> *— Réponse:*

Quelques minutes plus tard, voyant que les enfants ont terminé l'exercice, Oméga leur demande:

— Y en a-t-il un parmi vous qui veut décrire le souvenir qu'il a revu en pensée?

— Moi, dit René.

— Êtes-vous d'accord pour que René nous raconte son expérience? demande Oméga.

— Oui, répond le groupe d'enfants.

— Alors, nous t'écoutons, René, dit Oméga.

— C'était le soir, je faisais une promenade avec mon père. Soudain, mon père me demande:

— Comment ça va en classe, René?

— Bien, euh!

— Mais voyons, René, ce n'est pas une réponse ça! dit mon père d'une voix impatiente.

— J'ai beau essayer de lui répondre quand il me demande quelque chose, je n'y arrive pas! J'ai toujours peur qu'il me dise que je suis stupide ou pas correct! Quand j'agis comme ça, mon père s'impatiente et arrête de s'intéresser à mes activités. Et moi, après, je me trouve stupide de ne pas avoir réussi à raconter ma journée. Je me dis qu'il ne voudra plus jamais me parler.

Oméga laisse à René la possibilité d'exprimer les sentiments et les émotions qui ont surgi au souvenir de cette scène. Ensuite, Oméga explique aux enfants:

— Jeunes terriens, l'émetteur, pour atteindre le but qu'il vise, se doit d'émettre de façon claire sans tenter de transformer ses messages par «crainte de» ou par «peur de». Sur votre planète, il arrive souvent que les gens n'osent pas parler par «peur de»... déranger, par «peur de»... déplaire, par «peur de»... l'opinion des autres. Cette peur entraîne une difficulté d'émission qui peut laisser croire aux autres que l'émetteur n'a rien à dire ou que l'émetteur est en accord avec eux. Cela est fréquent sur votre planète! Vous devez apprendre, jeunes terriens, que les attitudes de l'émetteur et son comportement agissent directement sur celui ou celle qui aura à décoder cette attitude ou ce comportement. Ça, les humains devront le comprendre! C'est pourquoi je n'insisterai pas assez pour vous inviter à faire appel aux sept éléments de la communication pour renforcer votre habileté à émettre, de façon à ce que votre message soit bien reçu. Sinon, ce fait pourrait vous apporter de sérieux malentendus entraînant un conflit. Par la suite, à cause d'un bouleversement, la réception des communications dirigées vers vous risquerait d'être sabotée!

Entendant qu'il est question de sabotage de réception, Élément-Récepteur demande la parole.

   – Maître Oméga, puis-je expliquer mon rôle aux enfants?

   – Bien entendu, Élément-Récepteur, répond Oméga.

   – Amis terriens, dit Élément-Récepteur, j'ai observé que l'écoute, sur la planète Terre, est à un très bas niveau et ceci cause de grandes souffrances. C'est pourquoi il est très important que vous appreniez à bien m'utiliser. Je vous donne la règle à suivre. Lorsque vous recevez un message, voici ce que vous devez faire:

1° vous devez être sur la même longueur d'onde que celui qui vous émet un message;

2° vous devez porter toute votre attention au message que vous recevez;

3° vous devez avoir l'intention de recevoir ce message et vous devez vérifier si les intentions de votre émetteur sont compatibles avec les vôtres;

4° vous devez décoder le message tel qu'il a été émis, sans le modifier, sans l'enjoliver;

5° vous devez démontrer que vous avez bien saisi tout le message, en en faisant un résumé.

Élément-Émetteur et Élément-Récepteur déclarent ensemble:

– En résumé, les enfants, votre rôle en tant qu'émetteur et en tant que récepteur consiste à maîtriser la syntonisation, l'attention, l'intention, le décodage et la rétroaction.

– Vous avez donc beaucoup d'arbres à planter! affirme Élément-Émetteur.

Alpha, Nova et les enfants se regardent et demandent:

– Qu'est-ce que ça veut dire?

Élément-Récepteur répond:

– Élément-Émetteur voulait dire que vous avez beaucoup de pain sur la planche ou, si vous aimez mieux, qu'il est temps de vous mettre au travail, tous ensemble pour apprendre, si vous voulez accomplir votre mission! Maintenant, j'aimerais vous faire observer une scène dans laquelle mon absence a provoqué un conflit. Êtes-vous d'accord?

– Oui, acquiescent les enfants.

– Alors, observez bien ceci à votre écran personnel.

Maxime dit à son père:
— Papa, j'ai quelque chose à te demander.
Levant les yeux du journal qu'il est en train de lire, son père dit:
— Oui, Maxime, qu'est-ce que c'est?
— Peux-tu venir me reconduire à la...
Interrompant la conversation, Luc, le frère de Maxime, arrive alors tout essoufflé et dit à son père:
— Papa! Papa! J'ai réussi à marquer deux buts cet après-midi au hockey.
— C'est bien! Bravo! dit son père. Raconte-moi ça, Luc.
Coupant alors la parole, Maxime en colère s'écrie:
— Tu ne m'écoutes jamais, papa! C'est moi qui avais commencé à parler.
Luc réplique:
— Tu n'avais qu'à lui parler avant que j'arrive!
Entendant cela, Maxime tourne les talons et s'en va dans sa chambre en rouspétant.

Et une scène apparaît alors.

Lorsque la scène se termine à l'écran, Élément-Récepteur demande aux enfants:

— Avez-vous vu ce qui se passe lorsqu'il n'y a pas de récepteur disponible?

— C'est souvent comme ça quand je suis avec mes amis. C'est injuste! dit Pierre.

– C'est décourageant! dit Luigi. Dans ma classe, quand ça arrive, je n'ai plus envie de parler.

– C'est déplaisant! dit Patricia. Quand je vais chez le dépanneur, il y a des adultes qui me coupent la parole pendant que je me fais servir.

– Quand je raconte quelque chose et que je m'aperçois qu'on ne m'écoute pas, c'est frustrant! dit Hugo.

– C'est souvent comme ça que ça se passe avec mes parents! dit Nancy.

– Oui, je vous le confirme, dit Élément-Récepteur, le manque d'écoute est une plaie sur votre planète! Je laisse maintenant la parole à Maître Oméga.

– Jeunes terriens, dit alors Oméga. Vous connaissez maintenant le deuxième élément de la communication. Il est porte-clés de la communication et il s'est présenté à vous pour vous aider dans votre mission. C'est pourquoi, je vous ai préparé un exercice pratique à faire afin de bien mesurer votre compréhension du rôle d'Élément-Récepteur.

Voici mes instructions: prenez le temps de bien réfléchir avant de faire l'exercice, afin de bien répondre. Prenez le temps de vous rappeler une scène réelle et assurez-vous de voir clairement comment elle s'est passée. Il est important que vous vous rappeliez cette scène en entier afin de bien comprendre l'ampleur du rôle d'Élément-Récepteur.

– Vous êtes prêts, maintenant, les enfants? demande Oméga.

– Oui, nous sommes prêts, répondent-ils.

Oméga appuie donc sur une touche du clavier et l'exercice à faire apparaît à l'écran des enfants.

> – Rappelle-toi une situation qui t'est déjà arrivée, dans laquelle on a interrompu ta communication et dans laquelle tu n'as pas pu être écouté comme tu le voulais.
> – Réflexion.
> – T'es-tu senti mal d'être interrompu dans cette communication?
> – Réponse:
> – Quelles ont été les conséquences de cette interruption?
> – Réponse:

Après une dizaine de minutes, Oméga demande aux enfants:
– Avez-vous terminé l'exercice?
– Oui, répondent-ils.
– Est-ce que chacun de vous a déjà vécu l'expérience d'être interrompu avant même d'avoir eu le temps de dire tout ce qu'il avait à dire?
Les enfants répondent:
– Oui! oui!
– Souvent!
– Moi aussi! Moi aussi!
– Cela vous a-t-il causé des désagréments? demande Oméga.

— Oui!

— Beaucoup!

— Bien, dit Oméga. Quelqu'un d'entre vous veut-il raconter son expérience?

— Moi! moi! moi! insiste Aïcha.

Oméga s'adressant à tout le groupe, leur demande:

— Êtes-vous tous d'accord?

Les enfants font «oui» d'un signe de tête. Oméga invite alors Aïcha à raconter son histoire.

— C'est arrivé dans ma classe. Chaque fois que mon professeur posait une question, je savais toujours la réponse. J'avais beau lever la main pour la donner, il ne s'occupait même pas de moi! Il demandait toujours la réponse à d'autres élèves. Puis, un jour, je me suis choquée. Chaque fois que mon professeur posait une question, je me dépêchais de répondre alors qu'un autre élève avait déjà commencé à donner sa réponse. En conséquence, j'ai dû copier cinq cents fois: «je ne dérangerai plus en classe». En plus, les élèves que j'avais interrompus m'en voulaient, et les jours suivants ils se sont vengés en m'interrompant chaque fois que je commençais à parler. C'est là que j'ai vu comment c'était frustrant de ne pouvoir dire tout ce que j'avais à dire.

Oméga laisse la possibilité à Aïcha de donner libre cours à ses émotions puis, s'adressant à nouveau à tout le groupe, il dit:

— Pour que la paix règne sur une planète, pour qu'une communication s'établisse dans l'harmonie, un émetteur et un récepteur doivent connaître les règles à suivre avant d'entrer en contact: ils ne doivent jamais interrompre une communication, sauf, bien entendu s'il y a une urgence, et encore faut-il qu'ils demandent la permission. Sans ce règlement, il est impensable que la conversation s'établisse dans la bonne entente et se termine dans la bonne humeur, autant pour l'émetteur que pour le récepteur.

Puis Oméga ajoute:

—Jeunes terriens, souvenez-vous de ceci: l'émetteur et le récepteur qui ne sont pas au courant de ce règlement risquent de se faire couper plusieurs fois la parole. Ils devront donc répéter souvent leurs messages s'ils veulent être certains d'être entendus et compris.

Oméga décide alors de vérifier si les enfants ont bien compris ce que Élément-Émetteur et Élément-Récepteur viennent de leur enseigner.

— Alpha, demande Oméga, veux-tu nous faire un résumé de ce que tu as compris?

— C'est facile! répond Alpha. Il y a sept éléments...

Bizz... Bizz... Bizz...

Un bruit strident se fait alors entendre, couvrant la voix d'Alpha. Malgré ce bruit assourdissant, Alpha hausse le ton et continue son exposé. Des enfants se bouchent les oreilles. D'autres cherchent d'où provient le bruit et plus personne n'écoute Alpha. Oméga, décidant que la plaisanterie a assez duré, tire vers lui une manette et le bruit s'arrête net. Il rétablit alors le calme dans l'astronef.

Oméga demande ensuite à Élément-Émetteur de démontrer ce qu'Alpha, dans son rôle d'émetteur, aurait dû faire.

— Y en a-t-il un parmi vous qui pourrait me répéter le message qu'a émis Alpha? demande Élément-Émetteur.

Les enfants répondent:

— Je n'ai pas entendu!

— Il y avait trop de bruit!

— D'accord, amis terriens! Auriez-vous su, vous, ce qu'Alpha aurait dû faire? demande Élément-Émetteur.

Les réponses ne se font pas attendre.

— Il aurait dû crier plus fort pour qu'on l'entende! dit Éduardo.

— Quand il a vu qu'il ne pouvait pas être entendu, il aurait pu attendre! affirme Fernandez.

Élément-Émetteur dit alors:

— Il aurait fallu qu'Alpha sache que vous ne pouviez plus l'entendre et qu'il arrête là sa communication tant que le bruit n'avait pas cessé. Voyez-vous comment il est facile d'empêcher un message d'arriver à destination? Émettre un message, c'est bien! Savoir qu'il est reçu, c'est mieux! Ça, l'émetteur et le récepteur doivent le savoir.

Élément-Émetteur redonne la parole à Oméga qui le remercie et qui s'adresse ensuite au lecteur:

— Bonjour, ami lecteur. Oui, oui, c'est à toi que je parle, à toi qui es en train de lire ce livre. Sois bienvenu dans l'univers des sept éléments de la communication. Maintenant que tu connais Élément-Émetteur et Élément-Récepteur, tu apprendras aussi à connaître leurs cinq compagnons qui forment une

famille inséparable. Je souhaite que, par la compréhension du rôle et du but de ces nouveaux amis et par l'utilisation quotidienne des règles de communication, tu sois capable de vaincre tes difficultés à communiquer. Bonne expérimentation, ami lecteur! J'invite les deux premiers éléments de la communication à t'adresser leur message.

– Merci! Maître Oméga, répondent Élément-Émetteur et Élément-Récepteur.

Et, appuyant sur un bouton, Élément-Émetteur fait apparaître à l'écran du lecteur le message que voici.

> *– Bonjour, ami lecteur! Nous t'avons préparé un exercice pratique à faire afin de te permettre de mesurer ton habileté à émettre et à recevoir des messages de tes copains, de tes parents, de tes frères et sœurs, de tes professeurs, de tes compagnons de classe. Pour te faciliter la tâche, il est préférable que tu suives à la lettre les instructions qu'a données Maître Oméga à ses amis terriens lorsqu'il les a invités à revoir des scènes de leur passé.*
>
> *– Ami lecteur, moi, Élément-Émetteur, je t'invite à faire l'exercice suivant:*
>
> • *souviens-toi d'un moment où tu n'as pas pu émettre en entier un message à quelqu'un;*
>
> • *décris, sur cet écran, ce qui s'est passé au moment de l'émission de ton message.*

Ami lecteur, dis-moi, dans cette scène, toi, en tant qu'émetteur,

• *avais-tu envie d'émettre un message à cette personne?*

        oui____   *non____*

• *as-tu laissé de l'interférence comme du bruit, une émission de télévision, un appel téléphonique, l'arrivée soudaine de quelqu'un te déranger pendant que tu émettais ton message à cette personne?*

        oui____   *non____*

• *lorsque tu as émis ton message à cette personne, as-tu utilisé un langage, des gestes, une attitude, des mimiques, un ton de voix et des mots respectueux?*

        oui____   *non____*

• *avais-tu peur d'émettre ton message en entier et clairement, sans le modifier en l'exagérant ou en le diminuant?*

oui____ non____

Si tu as répondu honnêtement à chacune des questions et que tu as observé les difficultés ou les différends que tu as suscités parce que tu n'as pas su jouer ton rôle d'émetteur, tu possèdes assez d'indices maintenant pour être capable de repérer une faiblesse d'émission et pour parvenir à changer ton attitude et ton comportement. Ainsi, tu deviendras un meilleur émetteur et tu pourras aider les jeunes voyageurs de l'espace à rétablir la paix sur la planète Terre.

– Ami terrien, maintenant que tu me connais, tu peux te servir de moi afin de vaincre tes difficultés à émettre en entier des messages à tes parents, à tes frères et sœurs, à tes professeurs, à tes compagnons de classe et à tes amis. À plus tard!

Le message disparaît de l'écran pour laisser place au message d'Élément-Récepteur.

– Ami lecteur, moi, Élément-Récepteur, je t'invite à faire l'exercice suivant:

• *souviens-toi d'un moment où tu n'as pas entendu en entier un message qui t'était adressé;*

• *décris, sur cet écran, ce qui s'est passé au moment de la réception de ce message.*

Ami terrien, dis-moi, dans cette scène, toi, en tant que récepteur,

• *avais-tu envie de recevoir le message de cette personne?*

      oui_____   non_____

• *as-tu laissé de l'interférence comme du bruit, une émission de télévision, un appel téléphonique, l'arrivée soudaine de quelqu'un te déranger pendant que tu recevais le message de cette personne?*

      oui_____   non_____

- *lorsque tu recevais le message de cette personne, as-tu utilisé une attitude, des mimiques et des gestes respectueux?*

oui____   non____

- *avais-tu le goût de recevoir en entier le message de cette personne, sans le modifier en l'exagérant ou en le diminuant?*

oui____   non____

Si tu as répondu honnêtement à chacune des questions et que tu as observé les difficultés ou les différends que tu as suscités parce que tu n'as pas su jouer ton rôle de récepteur, tu possèdes assez d'indices maintenant pour être capable de repérer une faiblesse de réception et pour parvenir à changer ton attitude et ton comportement. Ainsi, tu deviendras un meilleur récepteur et tu pourras aider les jeunes voyageurs de l'espace à rétablir la paix sur la planète Terre.

— Ami lecteur, maintenant que tu me connais, tu peux te servir de moi afin de vaincre tes difficultés à recevoir des messages de tes parents, de tes frères et sœurs, de tes professeurs, de tes compagnons de classe et de tes amis. Je laisse maintenant la parole à Maître Oméga. À plus tard!

L'écran du lecteur s'éteint puis Élément-Émetteur et Élément-Récepteur disparaissent.

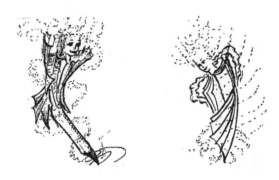

…et Élément-Syntonisation
apparaît dans la partie claire de l'écran.

Chapitre 4

ÉLÉMENT-SYNTONISATION:
LE CODE D'ENTRÉE
DE LA COMMUNICATION

 — Jeunes terriens, dit Oméga, je vous demande à tous de bien observer l'écran et de suivre attentivement ce qui va s'y passer.

Il ajoute:

— J'invite, maintenant, Élément-Syntonisation à venir vous faire connaître l'importance de sa présence et à vous démontrer l'importance de son rôle dans une communication.

Soudain un brouillage de la moitié de l'écran se produit et Élément-Syntonisation apparaît dans la partie claire de l'écran.

— Je vous salue, jeunes terriens, dit Élément-Syntonisation. Observez attentivement ce qui se passe à l'écran et vous comprendrez rapidement l'importance de ma présence dans une communication.

Manœuvrant alors le bouton de contrôle qu'il a sur la poitrine, il ajuste adroitement l'appareil afin que l'image soit bien perçue et que le son soit bien entendu.

— Observez bien ceci, dit-il ensuite.

Il fait alors tourner le bouton de contrôle en tous sens et un grincement fort désagréable se fait entendre. L'écran s'embrouille de nouveau. Puis avec adresse, Élément-Syntonisation réajuste image et son et l'émission est alors recevable.

— Amis terriens, dit-il, j'ai à vous enseigner mon rôle afin que vous meniez à bien votre mission. C'est pourquoi j'ai choisi de vous le démontrer en ajustant la qualité de réception d'un appareil. Je sais que sur la planète Terre vous utilisez des téléviseurs et des appareils radio. Dites-moi, quand vous voulez écouter de la musique à la radio, qu'arrive-t-il si vous ajustez mal votre appareil, si le poste ou le canal n'est pas sur la bonne fréquence?

— Le même bruit qu'on vient d'entendre, répond Alpha.

— Et quel message recevez-vous alors? demande Élément-Syntonisation.

— On ne peut pas recevoir de message parce que le poste est mal ajusté, on entend juste des bizz... buzz... bizz... buzz..., répond Ramirez.

— Tu veux dire des grincements! dit Élément-Syntonisation. Jeunes voyageurs, apprenez qu'il en est de même pour la communication. En mon absence, il y a des grincements, c'est-à-dire que l'émetteur et le récepteur ne peuvent pas être sur la même longueur d'onde donc, ils ne peuvent pas se comprendre. Je suis l'élément qui est utilisé par l'émetteur et par le récepteur pour capter la bonne fréquence leur permettant d'entrer en contact sans brouillage. Mon but à moi, c'est de permettre à l'émetteur ainsi qu'au récepteur d'éliminer les distorsions et les distances qui pourraient nuire autant à l'émission qu'à la réception d'un message. Mon rôle, ajoute-t-il, est de permettre

à un émetteur ainsi qu'à un récepteur d'être branchés sur la même longueur d'onde, pour entrer en contact. Je suis le code d'entrée de la communication. Tant et aussi longtemps que les circuits ne sont pas sur la même longueur d'onde, ceci empêche la réception du message. Vous l'avez constaté tantôt, lorsque j'ai provoqué un brouillage volontaire de l'écran. Voyez-vous, jeunes terriens, lorsque l'émetteur émet sans moi, Élément-Syntonisation, il permet d'ouvrir la porte à de mauvaises réceptions ainsi qu'à d'amères déceptions. Lorsqu'on m'utilise adéquatement, l'émetteur et le récepteur ont de la facilité à établir le contact et ont le goût de continuer à se communiquer leurs messages.

— J'invite maintenant Élément-Émetteur et Élément-Récepteur à vous expliquer comment il est important de savoir m'utiliser, dit ensuite Élément-Syntonisation.

Élément-Émetteur arrive alors et dit:

— Jeunes amis terriens, pour être en mesure de réussir dans votre mission, vous devez comprendre qu'Élément-Syntonisation est une des clés de la communication.

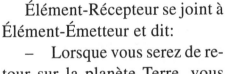

Élément-Récepteur se joint à Élément-Émetteur et dit:

— Lorsque vous serez de retour sur la planète Terre, vous devrez en tant qu'émetteurs et en tant que récepteurs être en mesure de bien utiliser Élément-Syntonisation. Sans cela, les portes de l'harmonie resteront fermées.

65

Puis Élément-Émetteur et Élément-Récepteur disparaissent. Élément-Syntonisation reprend alors la parole:

— Il existe différentes façons de briser la syntonisation entre un émetteur et un récepteur. Une de ces façons est appelée, sur la planète AZ126, la distance physique. Observez bien ceci à votre écran.

Et une scène apparaît alors à l'écran personnel des enfants.

Isabelle est au sous-sol de la maison et elle interpelle Nicolas qui est à l'étage supérieur. Elle lui demande:

— Nicolas, as-tu vu ma brosse à cheveux?

Aucune réponse ne lui parvient. Quelques minutes plus tard, Nicolas qui termine son déjeuner se fait apostropher par sa sœur en colère, qui gesticule et qui crie:

— Où as-tu mis ma brosse?

Nicolas de répondre:

— Je ne suis pas sourd, pas besoin de crier si fort!

Isabelle réplique:

— Si tu m'avais répondu la première fois aussi, je n'aurais pas eu besoin de crier ni de monter pour te le demander!

Nicolas rétorque:

— Mais, je ne t'ai pas entendue et puis, ta brosse, tu n'avais qu'à la remettre à sa place, comme ça tu saurais où elle est.

L'image disparaît de l'écran et Élément-Syntonisation poursuit:

— Dites, les enfants, qu'avez-vous compris de cette scène?

Alpha répond:

— Quand on est trop loin l'un de l'autre, on ne peut pas se comprendre.

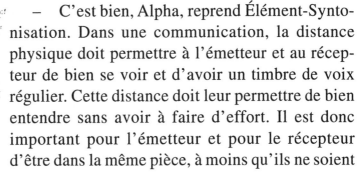

— C'est bien, Alpha, reprend Élément-Syntonisation. Dans une communication, la distance physique doit permettre à l'émetteur et au récepteur de bien se voir et d'avoir un timbre de voix régulier. Cette distance doit leur permettre de bien entendre sans avoir à faire d'effort. Il est donc important pour l'émetteur et pour le récepteur d'être dans la même pièce, à moins qu'ils ne soient reliés par un système téléphonique ou un autre moyen leur permettant de communiquer à distance. Donc, pour être en bonne syntonisation, l'émetteur doit s'approcher suffisamment de son récepteur. C'est important; c'est à l'émetteur de faire le rapprochement physique, c'est à lui de syntoniser le bon canal.

Élément-Syntonisation demande ensuite aux voyageurs:

— Dans la scène entre Isabelle et Nicolas, avez-vous observé, en plus de la distance physique, une autre raison qui a empêché la syntonisation entre eux?

Les enfants hésitent à répondre.

— Euh!... Euh!..., font-ils.

— Je ne vois pas! disent certains enfants.

— Parce qu'ils étaient fâchés? questionne Nova en guise de réponse.

– Je vois que cette question vous fait réfléchir, commente Élément-Syntonisation.

Et il ajoute:

– Vois-tu, Nova, tu es très près de la vérité. Si tu es fâchée contre un de tes amis, tu n'écouteras sûrement pas tout ce qu'il a à te dire. Et je suis convaincu que tu vas faire comme s'il était très, très loin de toi pour ne pas l'entendre. Amis terriens, lorsque la syntonisation ne s'établit pas ou lorsque les gens ne sont pas sur la même longueur d'onde, cela provoque souvent du chagrin, de l'amertume, de la colère. Et tout ceci éloigne un émetteur d'un récepteur et un récepteur d'un émetteur. Sur planète AZ126, nous appelons cela la distance émotionnelle.

– Il y a aussi une autre façon de créer une distance émotionnelle qui brise la syntonisation entre un émetteur et un récepteur, déclare Élément-Syntonisation. Il s'agit de la distance causée par les préjugés et par les dépréciations sous toutes leurs formes.

Nova demande alors:

– Qu'est-ce que c'est un préjugé?

Élément-Syntonisation répond:

– Des préjugés, ce sont des opinions imaginées à l'avance, des jugements défavorables visant à diminuer quelqu'un. On les reconnaît sur la planète Terre dans l'action de critiquer, de dénigrer, de mépriser ou de rabaisser quelqu'un ou quelque chose qui ne correspond pas aux goûts ou aux valeurs d'un individu. Ceci répond-il à ta question? demande Élément-Syntonisation.

– Oui, répond Nova.

– Je vais tout de même te démontrer ce que sont les préjugés par un exemple, ajoute Élément-Syntonisation. Êtes-vous d'accord, les enfants?

– Oh oui! répondent-ils.

Puis Angelo ajoute:

– Comme ça, on va comprendre encore mieux!

Appuyant sur un bouton, Élément-Syntonisation dit:

– Observez bien ceci à vos écrans, les enfants.

Et, une scène apparaît alors à l'écran personnel des enfants.

> *Une famille vient d'emménager dans la maison voisine de celle des parents de Christine. Trois enfants de 10 à 14 ans, vêtus chacun d'un ensemble en coton ouaté observent leur nouvel environnement. Christine regarde par la fenêtre de sa chambre pour voir ses nouveaux voisins et dit à son amie:*
>
> *– Bah! Ce n'est pas du monde intéressant! Ils ne sont même pas habillés à la mode.*

– Selon vous, les enfants, un rapprochement est-il possible entre Christine et ses nouveaux voisins ou croyez-vous plutôt que la distance causée par les préjugés continuera de s'agrandir? demande Élément-Syntonisation.

Nova de répondre:

– C'est sûr que ce n'est pas comme ça qu'elle va se faire des amis!

69

– Tu as raison, s'empresse d'ajouter Alpha. Selon moi, si elle continue à penser comme ça, la distance entre eux risque de durer longtemps!

– Tant que dureront les préjugés, affirme alors Élément-Syntonisation, la distance s'agrandira. Observez maintenant cette autre scène à vos écrans.

> *Dans l'escalier qui mène à la sortie de l'école, une bousculade a lieu. Yves, un élève de 5ᵉ année, essaie de se faufiler entre les élèves d'une classe de 6ᵉ année qui descendent l'escalier. Il pousse Éric qui culbute alors sur Martin qui se frappe la tête sur la rampe.*
>
> *– Éric, dit alors le surveillant d'élèves, qu'est-ce que tu as fait encore? Tu ne peux pas faire attention!*
>
> *Éric rouspète:*
>
> *– C'est Yves qui m'a poussé sur Martin, ce n'est pas ma faute!*
>
> *N'ayant pas vu Yves agir, le surveillant dit à Éric:*
>
> *– Je ne veux plus t'entendre! Tu iras au bureau du directeur.*

Puis l'image disparaît des écrans. Élément-Syntonisation demande alors aux enfants:

– Croyez-vous qu'un rapprochement est possible entre Éric et le surveillant d'élèves?

– Pas s'il continue de l'accuser, dit Mary.

Luis ajoute:

— Pas s'il ne le laisse pas s'expliquer.

— Dites-moi, les enfants, cela aurait-il pu se passer autrement? demande Élément-Syntonisation.

Hamid répond:

— Si le surveillant avait su se syntoniser, oui.

Nova continue:

— Si le surveillant avait laissé Éric s'expliquer au lieu de l'accuser.

— Le surveillant aurait pu aussi demander aux autres élèves ce qui s'est passé, dit Assam.

— Et, ajoute Felipe, les élèves, eux, ont vu Yves se faufiler.

— Je vois que vous avez tous compris ce qui se passe lorsque nous ne sommes pas sur la même longueur d'onde, n'est-ce pas? dit Élément-Syntonisation.

— Oui, affirme en chœur le groupe d'enfants.

— Je laisse maintenant la parole à Maître Oméga, dit Élément-Syntonisation.

— Jeunes voyageurs terriens, dit Oméga, maintenant que vous avez rencontré Élément-Syntonisation et que vous avez bien suivi son exposé, je vous ai préparé un exercice pratique à faire. Voici mes instructions: surtout, ne faites pas l'exercice trop rapidement. Réfléchissez bien avant de répondre. Prenez le temps de bien vous rappeler une scène réelle et assurez-vous de la revoir en entier afin de bien comprendre ce que Élément-Syntonisation vous a expliqué.

Oméga touche un bouton et l'exercice à faire apparaît à l'écran personnel des enfants.

> *– Rappelle-toi une situation qui t'est déjà arrivée et dans laquelle des jugements ou des accusations t'ont «éloigné» de ton émetteur?*
> *– Réflexion.*
> *– T'es-tu senti mal d'être jugé ou d'être accusé dans cette communication?*
> *– Réponse:*
> *– Quelles ont été les conséquences de cette accusation ou de ce jugement?*
> *– Réponse:*

Au bout de quelques minutes, Oméga demande aux enfants s'ils ont terminé l'exercice.

– Oui, répondent-ils.

– Quelqu'un veut-il raconter son expérience? demande Oméga.

Quelques enfants répondent:

– Oui, moi! Je veux la raconter, j'en ai une.

– Moi aussi!

– Et moi...

Alors Oméga désigne Igor et demande aux enfants:

– Est-ce que cela vous convient?

– Oui, disent-ils.

– Nous t'écoutons, Igor, dit Oméga.

Igor s'empresse de raconter avec émotion.

– Ça s'est passé à la maison. Je revenais de l'école et mon père m'a mis la main au collet et m'a dit:

– Je t'avais défendu de prêter ta bicyclette et tu l'as prêtée malgré cela! La prochaine fois que tu voudras que je t'achète quelque chose, tu vas attendre longtemps!

– Je lui ai répondu que je ne l'avais pas prêtée, ma bicyclette, et que je ne savais même pas que quelqu'un l'avait prise. Malgré mes explications, mon père ne m'a pas écouté et ne m'a pas cru.

Oméga laisse à Igor la possibilité de donner libre cours aux émotions et aux sentiments que le souvenir de cette scène a fait surgir en lui. Puis il dit ceci aux enfants:

  –Pour rétablir la paix dans vos familles, dans vos classes, tout émetteur et tout récepteur doivent bannir de leur langage les insultes, les jugements, les accusations. Ils doivent, de plus, chasser de leurs pensées les mauvaises intentions qui entraînent des mauvaises attitudes et qui créent une distance infranchissable entre eux, fermant ainsi l'accès au code d'entrée de la communication.

Oméga poursuit en disant:

– Vous devez comprendre que, lorsqu'un émetteur menace un récepteur, il devient très difficile au récepteur de rester sur la même longueur d'onde que lui. De plus, l'émetteur qui fait du chantage ou qui se sert de l'intimidation risque de n'avoir aucun récepteur intéressé à l'écouter. Alors, les enfants, tenez-vous-le pour dit: un message ne doit contenir aucune accusation, aucun chantage, sinon qu'arrivera-t-il?

– On va se retrouver tout seul, disent certains enfants.

– On va tout le temps être en guerre, répondent d'autres.

– On ne sera plus intéressés à écouter, ajoutent d'autres enfants.

Après qu'ils eurent tous répondu, Oméga leur demande:

– Jeunes terriens, aimeriez-vous connaître certaines phrases qui brisent à coup sûr la syntonisation d'un émetteur et d'un récepteur?

– Oh oui! répondent avec enthousiasme les enfants.

Oméga presse alors un bouton et fait apparaître à leur écran personnel une liste de phrases que les terriens utilisent fréquemment:

- *Tu fais toujours tout de travers!*
- *Tu es toujours en train de te plaindre pour rien!*
- *Tu pleures pour rien!*
- *Tu es bien niaiseux!*
- *Tu es bien innocent!*
- *Tu es juste bon pour faire du trouble!*
- *Tu es bien stupide!*
- *Tu es trop jeune!*
- *Si tu ne viens pas tout de suite, tu vas avoir affaire à moi!*
- *Si tu lui prêtes ton baladeur, ne viens pas te plaindre s'il le brise!*

> • *Si tu ne viens pas avec moi, tu ne seras plus mon ami!*
> • *Tu n'es pas correct si tu ne me le dis pas!*
> • *Tu n'en fais qu'à ta tête!*
> • *Tu ne fais jamais attention!*
> • *Tu n'écoutes jamais quand je te parle!*
> • *C'est toujours à recommencer avec toi!*
> • *On ne peut pas se fier à toi!*
>
> *Et bien d'autres accusations, dépréciations ou menaces semblables que vous connaissez et que vous utilisez avec vos récepteurs.*

L'image disparaît et Oméga ajoute:

– C'est l'utilisation de ces phrases qui empêche la syntonisation dans vos familles, à l'école et avec vos amis. C'est donc à vous, jeunes terriens, d'apprendre à communiquer en utilisant un langage civilisé, un langage poli, un langage respectueux, un langage correct, un langage sans grossièreté.

N'oubliez pas ceci, jeunes terriens: c'est dans le respect de soi et des autres que se créent l'Amour, la Fraternité et l'Harmonie entre les peuples. J'invite maintenant Élément-Syntonisation à venir t'adresser son message, à toi ami lecteur, afin que tu puisses toi aussi mesurer ta qualité de syntonisation dans tes communications.

– Merci, Maître Oméga, répond Élément-Syntonisation.

Et, poursuivant, Élément-Syntonisation fait apparaître à l'écran du lecteur le message que voici:

> – Ami lecteur, bonjour! J'ai préparé pour toi un exercice pratique à faire afin de t'aider à mesurer le niveau de syntonisation qu'il y a dans tes communications entre tes parents et toi, entre tes frères, tes sœurs et toi, entre tes professeurs et toi, entre tes compagnons de classe et toi, et entre tes amis et toi. Pour te faciliter la tâche, il est préférable que tu suives à la lettre les instructions qu'a données Maître Oméga à ses amis voyageurs de l'espace lorsqu'il les a invités à revoir des scènes de leur passé. Voici l'exercice:
>
> • souviens-toi d'un moment où il y a eu un bris de syntonisation entre toi et la personne avec qui tu étais en communication;
> • décris sur cet écran ce qui s'est passé.

Jeune lecteur terrien, dis-moi, dans cette scène, toi, en tant qu'émetteur ou en tant que récepteur,

- *avais-tu syntonisé la bonne fréquence te permettant d'entrer en contact sans brouillage avec cette personne?*

oui_____   non_____

- *est-ce que la distance physique te permettait de bien voir cette personne et vous permettait de bien vous entendre sans devoir faire répéter ou sans devoir crier?*

oui_____   non_____

- *est-ce qu'une distance émotionnelle causée par des préjugés, des dépréciations ou des insultes de toutes sortes a brisé la syntonisation entre cette personne et toi?*

oui_____   non_____

- *est-ce que des accusations ou des menaces ont été faites et ont brisé la syntonisation entre cette personne et toi?*

oui_____   non_____

Si tu as répondu honnêtement à chacune des questions et que tu as observé les difficultés ou les différends qu'a entraînés l'absence de l'élément syntonisation, tu possèdes assez d'indices maintenant pour être capable de repérer une faiblesse de syntonisation et pour parvenir à changer ton attitude et ton comportement. Ainsi, tu deviendras un émetteur ou un récepteur habile à syn-

toniser et tu pourras aider les jeunes voyageurs de l'espace à rétablir la paix sur la planète Terre.

— Ami terrien, maintenant que tu me connais, tu peux te servir de moi afin de vaincre tes difficultés à te syntoniser sur la bonne fréquence avec tes parents, tes frères et sœurs, tes professeurs, tes compagnons de classe et tes amis. À plus tard, et bonne expérimentation!

L'écran du lecteur s'éteint puis Élément-Syntonisation disparaît.

Chapitre 5

ÉLÉMENT-ATTENTION:
LA PRÉSENCE, L'ÉCOUTE
ET LA COMMUNICATION

Pendant qu'Élément-Syntonisation transmettait son message au lecteur, Oméga est retourné au centre de contrôle afin de syntoniser la fréquence de la planète Terre et d'observer les raisons pour lesquelles les humains ne s'accordent que si peu d'attention. Il appuie sur différents boutons et voit à l'écran central des hommes, des femmes et des enfants ayant de la difficulté à s'écouter, à se parler, à se regarder avec affection et à s'entendre. Oméga observe les disputes entre les membres d'une même famille, dans les groupes de travail et dans la société en général, et il comprend que la source des difficultés des terriens provient d'un manque d'attention entre eux ou d'un refus d'être attentifs aux besoins les uns des autres. Oméga éteint alors l'écran et retourne dans la salle de classe.

– Je demande votre attention, les enfants, dit-il.

Après avoir vérifié que tous les enfants soient attentifs, Oméga poursuit:

Élément-Attention arrive alors à l'écran
en rebondissant comme un ballon.

— Jeunes voyageurs, vous devez savoir que bien des malheurs seraient évités si les terriens étaient attentifs les uns aux autres et si, de plus, ils étaient attentifs lorsqu'un message leur est émis. Savoir être attentif nécessite une vigilance de tout instant, de la part de l'émetteur autant que de la part du récepteur. En l'absence de l'attention, la communication se perd quelque part. C'est à l'émetteur que revient le rôle de bien observer s'il a réellement un récepteur attentif avant d'émettre son message, s'il veut entrer en contact. C'est pourquoi la disponibilité d'un récepteur est indispensable, sans quoi l'émetteur pourrait avoir l'impression, avec raison, de parler tout seul!

Oméga invite ensuite Élément-Attention à venir faire connaître aux enfants l'importance de sa présence et à leur démontrer l'importance de son rôle dans une communication.

Élément-Attention arrive alors à l'écran en rebondissant comme un ballon:

— Vous me reconnaissez, les enfants! Je suis Élément-Attention et mon but, à moi, est de permettre à un émetteur et à un récepteur de se transmettre un message sans se laisser distraire par quelqu'un ou par quelque chose. En mon absence, les communications seraient très difficiles: le message d'un émetteur pourrait ne jamais arriver à un récepteur ce qui, bien entendu, provoquerait des malentendus.

Ayant dit cela, Élément-Attention invite Élément-Émetteur à raconter une histoire aux enfants.

Élément-Émetteur apparaît à l'écran et, avec un plaisir évident, il s'empresse de raconter:

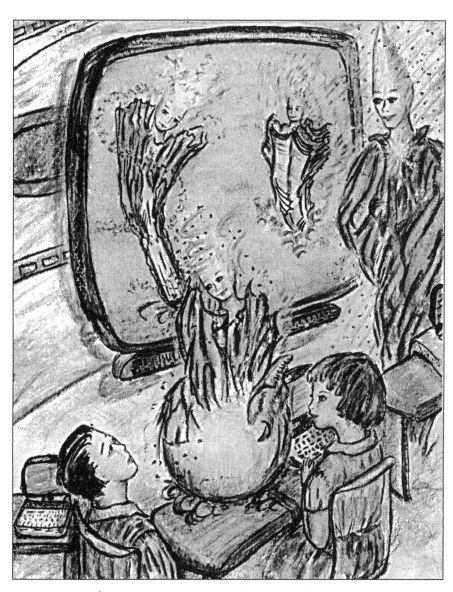

Élément-Attention fait quelques bonds
et surgit hors de l'écran.

– Cela se passait dans un immense royaume...

À peine Élément-Émetteur a-t-il le temps de commencer à raconter son récit que, tout à coup, Élément-Attention fait quelques bonds et surgit hors de l'écran. Il rebondit sur le pupitre de Nova. Un éclat de rire général et des exclamations suivent l'effet de surprise.

– Ça alors!

– Pas possible!

– Hé! as-tu vu ça?

– Qu'est-ce qui se passe? interroge René en riant.

– Où est-il rendu? demande Alpha.

– Il est là-bas! dit Hamid.

Élément-Attention continue à rebondir d'un pupitre à l'autre et réussit à capter toute l'attention des enfants.

– Il est ici! s'exclame Jéronimo.

– Je demande Élément-Attention, dit alors d'une voix ferme Élément-Émetteur.

D'un bond de six mètres, Élément-Attention traverse la salle et reprend immédiatement sa place à l'écran.

– Cessons de jouer maintenant, dit Élément-Attention. Soyons un peu plus sérieux, car je ne sers pas juste à rebondir et à vous épater. Heureusement, non! J'ai pourtant constaté que vous m'avez accordé beaucoup d'attention quand je rebondissais. C'est d'ailleurs pour cela que vous avez pu me repérer. Ceci démontre que vous étiez tous attentifs à mon jeu. Dites-moi, les enfants, avez-vous aimé ce jeu?

– C'était super! s'exclament certains enfants.

– C'était amusant! disent d'autres.

– Il fallait être aux aguets pour te voir! dit Alpha.

– J'ai été surprise, dit Nova en gesticulant, je ne m'attendais pas du tout à cela!

– Cela a créé toute une distraction! s'écrie Igor.

 Après avoir laissé les enfants donner leur avis sur l'effet de surprise qu'a entraîné Élément-Attention, Élément-Émetteur demande l'attention du groupe. Le calme rétabli, il s'adresse aux enfants.

– Vous avez accordé beaucoup d'importance au jeu d'Élément-Attention mais mon histoire à moi, comment l'avez-vous reçue?

– Ho! Ho! s'expriment les enfants, en réalisant ce qui s'est passé.

– On a été dérangés, dit Natacha.

– C'est Élément-Attention qui nous a distraits, dit Mohamed.

– Oh oui! je m'en suis rendu compte, dit Élément-Émetteur, il a capté votre attention. C'est heureux que nous ayons été tous les deux complices.

Élément-Attention reprend la parole et informe les enfants.

– Nous avions convenu de vous faire expérimenter comment il est facile de se laisser distraire et comment il devient impossible d'être attentif à deux situations qui se déroulent en même temps ou à deux messages qui nous parviennent en même temps.

– Avons-nous réussi? demande Élément-Émetteur.

– Oh oui! s'exclament tous les enfants.

Puis, Élément-Attention remercie Élément-Émetteur et dit ceci aux enfants:

– Aimeriez-vous voir des scènes qui démontrent qu'en mon absence toutes sortes de situations peuvent survenir et entraîner bien des désagréments et des conflits?

– Oui, oui, disent les enfants.

– Alors, jeunes voyageurs de l'espace, observez bien cette série de situations qui apparaîtront à vos écrans personnels. Ce sont des situations qui se vivent tous les jours sur la planète Terre et qui sont le résultat d'une absence d'attention. Observez-les avec attention car vous aurez à vérifier si cela vous est déjà arrivé.

> • *Julie roule à bicyclette. Perdue dans ses pensées, elle ne voit pas le feu de circulation et traverse la rue.*
>
> • *Armand prend son baladeur et il constate, avec déception, que les piles sont à sec. Il n'a pas pensé à fermer l'appareil la dernière fois qu'il l'a utilisé.*
>
> • *Nicolas regarde une émission de télévision et tout à coup il constate avec stupeur que des odeurs parviennent de la cuisine. Il réalise alors qu'il n'a pas éteint l'élément de la cuisinière.*

- On a demandé à Nathalie d'aller faire des emplettes et elle a oublié d'acheter certains produits.
- Arnold va faire un tour au parc et à son retour il se rend compte qu'il a laissé ses clés à l'intérieur de la maison.
- Yan va au cinéma et, arrivé au guichet, il s'aperçoit qu'il a laissé son argent à la maison.
- Justin est à l'école et il se rend compte avec surprise qu'il n'a pas apporté ses crayons.

- C'est l'heure du cours d'éducation physique et Gabrielle a oublié d'apporter ses espadrilles.
- Pierre a eu comme consigne de faire signer ses devoirs par son père ou sa mère. Le lendemain, il se sent mal d'être interpellé pour ne pas les avoir fait signer.
- Sylvia a un rendez-vous chez le médecin et elle ne se rappelle pas l'heure fixée car elle a oublié d'en prendre note.
- Martin discute avec Stéphane de ses problèmes et, au bout de dix minutes, Stéphane constate qu'il n'a pas écouté tout le message de Martin car il s'est mis à penser à un problème semblable qui le préoccupe.
- Gino roule à bicyclette et, n'ayant pas vu le piéton, il lui rentre dedans.
- On a demandé à Josée de programmer l'appareil vidéo pour un enregistrement et lorsque sa mère désire

visionner cette émission, Josée constate qu'elle a oublié de mettre le circuit en marche.

• *Nancy est en classe et, pendant que son professeur explique une règle de grammaire au tableau, elle pense à sa hâte de revoir Mario, son petit copain.*

• *Joseph est en classe. Pendant un examen de mathématique, il est très absorbé par ses pensées. Il repense à l'engueulade qu'il a eu avec sa sœur, le matin.*

• *Claudia a un rendez-vous avec Cynthia dans l'après-midi. L'ayant oublié, elle accepte une invitation à aller au restaurant avec Natacha.*

– Les enfants, poursuit Élément-Attention, ces situations qui se produisent très souvent, vous font voir comment il est difficile pour les humains d'être attentifs. Plusieurs terriens aiment bien attirer l'attention sur eux. Par contre, ils ne se rendent pas toujours compte que leurs oublis, leurs erreurs ainsi que leurs fautes sont dus à une perte d'attention. Ne l'oubliez pas, jeunes voyageurs de l'espace. Je vous ai fait observer différentes scènes dans lesquelles l'attention était absente et vous avez pu vous rendre compte de tous les désagréments que cela provoque. Maintenant, amis terriens, je laisse la parole à Maître Oméga.

– Jeunes voyageurs terriens, dit Oméga, maintenant que vous avez rencontré Élément-Attention et que vous avez bien suivi sa leçon, je vous propose de faire un exercice pratique.

Voici mes instructions: prenez tout le temps nécessaire pour revisualiser une scène réelle, comparable à celles que vous venez de visionner. Réfléchissez bien avant de répondre aux questions et assurez-vous de voir clairement comment l'absence d'attention a entraîné les problèmes que vous avez vécus. Vous êtes prêts?

– Oui, nous sommes prêts, affirment les enfants.

Ensuite, Oméga appuie sur une touche du clavier et l'exercice à faire apparaît à l'écran personnel des enfants.

> *– Rappelle-toi une situation qui t'est déjà arrivée et dans laquelle ton attention s'est volatilisée.*
> *– Réflexion.*
> *– T'es-tu senti mal de ne pas avoir été attentif à ce que tu avais à faire?*
> *– Réponse:*
> *– Quelles en ont été les conséquences?*
> *– Réponse:*

Au bout de quelques minutes, Oméga demande aux enfants s'ils ont terminé l'exercice.

– Oui, répondent-ils.

– Quelqu'un veut-il raconter son expérience? demande Oméga.

Plusieurs enfants lèvent la main en guise de réponse. Alors, Oméga désigne Paméla qui a le bras levé et il demande aux enfants:

— Êtes-vous d'accord, les enfants, pour que ce soit au tour de Paméla de raconter son expérience?

Les enfants acquiescent d'un signe de tête.

Oméga dit alors:

— Nous t'écoutons avec attention, Paméla.

— Merci, Oméga.

— J'étais au téléphone avec mon amie. Nous venions à peine de commencer à nous parler lorsque ma petite soeur m'a interpellée. Elle n'arrêtait pas de me distraire en me questionnant. Je n'étais plus attentive à mon amie et alors j'ai dit à ma soeur sur un ton sec: «Arrête! Fiche-moi la paix! Je n'ai pas envie de te parler.» Mon amie, qui ne voyait pas ce qui se passait, a cru que je m'adressais à elle et elle m'a dit: «Si c'est comme ça, je ne t'appellerai plus jamais.» Et elle m'a claqué la ligne au nez.

Oméga laisse à Paméla la possibilité d'exprimer les émotions et les sentiments qui ont surgi au souvenir de cette scène, puis il lui demande:

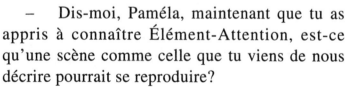

— Dis-moi, Paméla, maintenant que tu as appris à connaître Élément-Attention, est-ce qu'une scène comme celle que tu viens de nous décrire pourrait se reproduire?

— Oh non! répond Paméla. Je sais bien maintenant comment je ne peux pas être attentive à deux situations à la fois et encore moins à entendre deux messages à la fois. Ça, je l'enseignerai à ma petite sœur. Comme ça, elle ne s'acharnera plus à me couper la parole à tout bout de champ.

— Bien, dit Oméga.

Et se retournant vers le groupe, il enchaîne:

— Pour rétablir l'harmonie sur votre planète, et en particulier dans vos familles, chacun devra apprendre qu'il ne peut pas être attentif à deux situations ou à deux messages en même temps. Vous avez pu observer qu'en présence d'une distraction, la communication se perd quelque part. C'est donc à l'émetteur et au récepteur de bien s'assurer qu'ils sont très attentifs et très réceptifs l'un à l'autre. Sinon qu'arrivera-t-il?

Paméla s'empresse de répondre:

— On sera obligé de répéter le message.

— On ne se comprendra pas, affirme Nancy.

— Quand on n'écoute pas, on ne peut pas suivre les instructions, dit Ramirez.

— Sans attention, on se sent seul, on parle dans le vide, ajoute Alpha.

— Des fois, c'est difficile d'être attentif, dit Nova.

— Tu as raison, Nova, répond Oméga, et il y a une explication à cela. Dites-moi, comment vous sentiez-vous sur la planète Terre lorsque l'on vous rappelait à l'ordre et que l'on vous répétait à tous les jours des phrases telles que:

• Tu es toujours distrait!

• Attention au mur!

• Attention, prends garde à toi!

• Fais donc attention à ce que tu fais!

• Attention aux fenêtres avec ta balle!

- Tu peux bien ne pas réussir en classe, tu ne fais jamais attention quand on te parle!
- Attention, ne va pas là!
- Fais attention, ne touche pas à cela!
- Attention, tu n'es pas assez grand pour faire ça!
- Attention, tu vas tomber!
- Attention! Tu ne vois pas clair.
- Fais donc attention. Es-tu aveugle? Tu trébuches sur tout!

- Y'a rien à faire avec toi, il faut toujours qu'on soit là, fais donc attention!

et attention à ceci, et attention à cela, à répétition...

— Moi, dit Hugo, je trouvais qu'on était toujours sur mon dos.

— Moi, dit Yannick, je me disais dans ma tête: «Ah! écœure-moi pas!»

— Moi, dit Josée, je me disais: «Va-t-il me laisser la paix?»

— Moi, dit Alpha, j'étais assez tanné de me faire dire cela que je me bouchais les oreilles.

Oméga dit alors:

— Vous êtes tous unanimes à dire que c'était assez désagréable pour que vous n'ayez plus le goût d'être attentif lorsque l'on vous adressait la parole et que l'on vous demandait votre attention. C'est bien ce que vous voulez dire, n'est-ce pas?

Alpha répond:

— Oui! C'est ça! Le mot «attention», je ne l'aimais pas mais, maintenant que je connais Élément-Attention, c'est bien différent. Je comprends que sans lui il n'y a pas d'écoute et qu'on est malheureux.

– Bien, dit Oméga. Il y a aussi une autre raison qui fait que parfois c'est difficile d'être attentif. Voulez-vous la connaître?

– Oh oui! disent en chœur les enfants.

Alors, Oméga leur demande:

– Au début de votre voyage, comment faisiez-vous pour vous parler, pour vous comprendre, alors que vous êtes de nationalités différentes?

– On mimait ce qu'on voulait dire, dit Mohamed.

– C'était difficile! dit Luigi.

– On faisait des signes et on disait quelques mots, dit Anouk.

– Dites-moi, reprend Oméga, réussissiez-vous à être attentifs assez longtemps pour vous comprendre?

– Non! répond Ramirez. C'était trop compliqué. Alors, nous nous sommes rassemblés par groupe parlant la même langue.

Oméga dit:

– Retenez bien cette information, jeunes voyageurs de l'espace, car elle vous sera essentielle pour la réussite de votre mission: Élément-Attention rebondit et s'en va dès qu'il ne comprend pas le sens d'un mot. Il est très, très, très sensible au sens des mots, cet élément. C'est pourquoi, dès que le langage vous paraît compliqué dans une communication orale ou dans une lecture, dès que vous ne comprenez pas le sens d'un mot, votre attention se volatilise ou, si vous préférez, selon votre expression sur terre, «vous tombez dans la lune». Et, c'est comme cela à chaque fois que vous ne comprenez pas quelque chose, que ce soit un mot ou une situation.

— Oh! je ne savais pas cela! dit Nova, surprise.

— Moi non plus! disent les autres enfants, tous étonnés d'apprendre cela.

— Est-ce qu'il y a d'autres raisons qui font que c'est difficile d'être attentif? demande alors Igor.

— Oh oui! répond Oméga. C'est lorsque vous avez plus envie d'être ailleurs qu'à l'endroit où vous êtes et lorsque vous avez envie de faire autre chose que ce que l'on vous oblige à faire. C'est alors que l'attention se disperse dans tous les sens et qu'il devient impossible de rester en contact. D'ailleurs, Élément-Intention se chargera de vous démontrer cet aspect de la communication. Voulez-vous maintenant connaître certaines phrases qui démontrent qu'une absence d'attention est survenue dans une communication?

— Oui, répondent les enfants.

— Alors, observez bien ceci à votre écran personnel, dit Oméga.

Le message suivant apparaît alors à l'écran de chacun des enfants.

> — *Lorsque tu dis ou que tu entends dire:*
> * *Je l'ai oublié!*
> * *Je n'y ai pas pensé!*
> * *Je ne m'en suis pas aperçu!*
> * *Je ne m'en souviens pas!*
>   *c'est que l'attention était disparue entre l'émetteur et le récepteur.*

Puis Oméga continue:

— C'est par le manque d'écoute que les difficultés, que les conflits existent dans vos familles, à l'école et avec vos amis. Vous devez comprendre qu'il n'y a pas de rapprochement sans  écoute, et qu'en l'absence d'Élément-Attention il n'y a pas d'écoute véritable. C'est donc à vous, jeunes terriens, d'apprendre à écouter en maintenant toujours l'attention afin d'éliminer les erreurs et les fautes commises par oubli. Ne l'oubliez pas! C'est par une meilleure écoute et une plus grande attention que le rapprochement se fera entre les peuples de la terre. J'invite maintenant Élément-Attention à t'adresser son message, à toi ami lecteur, afin que tu puisses, toi aussi, mesurer ta qualité d'attention dans tes communications.

— Merci, Maître Oméga, répond Élément-Attention.

Et, appuyant sur une touche du clavier, Élément-Attention fait apparaître à l'écran du lecteur le message que voici:

— *Bonjour, ami lecteur. J'ai préparé pour toi un exercice pratique à faire afin de t'aider à mesurer le niveau d'attention qu'il y a dans tes communications entre tes parents et toi, entre tes frères, tes sœurs et toi, entre tes professeurs et toi, entre tes compagnons de classe et toi et entre tes amis et toi. Pour t'aider, tu peux suivre à la lettre les instructions qu'a données Maître Oméga à ses amis terriens lorsqu'ils les a invités à revoir des scènes de leur passé. Voici l'exercice:*

•　*souviens-toi d'un moment où il y a eu une perte ou une baisse d'attention entre toi et une personne avec qui tu étais en communication;*

•　*décris sur cet écran ce qui s'est passé.*

Jeune lecteur terrien, dis-moi, dans cette scène, toi, en tant qu'émetteur ou en tant que récepteur,

- *as-tu demandé l'attention de cette personne?*

     oui____   non____

- *as-tu essayé d'être attentif à plus d'un message à la fois ou à plus d'une situation en même temps?*

     oui____   non____

- *avais-tu de la difficulté à bien comprendre le sens de tous les mots et es-tu tombé dans la «lune» à cause de cela?*

     oui____   non____

- *avais-tu plus envie d'être ailleurs et de faire autre chose que d'être attentif au message?*

     oui____   non____

Si tu as répondu honnêtement à chacune des questions et que tu as observé les difficultés ou les différends qu'a entraînés l'absence de l'élément attention, tu possèdes assez d'indices maintenant pour être capable de repérer une faiblesse d'attention et pour parvenir à changer ton attitude et ton comportement. Ainsi, tu deviendras un émetteur ou un récepteur très attentif et tu pourras aider les jeunes voyageurs de l'espace à rétablir la paix sur la planète Terre.

— Jeune lecteur terrien, je te remercie d'avoir bien voulu te joindre aux jeunes voyageurs en acceptant de

faire cet exercice. Maintenant que tu me connais, tu peux te servir de moi afin de vaincre tes difficultés d'attention avec tes parents, avec tes frères et soeurs, avec tes professeurs, avec tes compagnons de classe et avec tes amis. À plus tard, et bonne expérimentation!

L'écran du lecteur s'éteint et Élément-Attention disparaît.

En moins de temps qu'il n'en faut pour l'écrire,
Igor se retrouve isolé du groupe et flotte à la dérive...

Chapitre 6

ÉLÉMENT-INTENTION:
L'INTERROGATION DES BUTS CACHÉS

Dès qu'Élément-Attention a terminé son message, Oméga reprend la parole.

— Jeunes amis terriens, avant de poursuivre votre étude, que diriez-vous maintenant d'aller vous amuser dans l'espace avec vos nouveaux amis, les Éléments de la communication? En avez-vous envie?

— Oh oui!

— Hourra!

— Youppie!

— Serait-ce la récréation? demande Nova.

— Tu as entièrement raison, répond Oméga.

— Pourrons-nous faire tout ce que nous voulons? s'empresse de demander Igor, avec des étincelles de joie dans les yeux.

— Vous serez libres de jouer à tous les jeux que vous voudrez, dans l'espace qui tient lieu de cour d'école, en respectant les consignes que vous donneront Élément-Émetteur, Élément-Récepteur, Élément-Syntonisation et Élément-Attention, répond Oméga.

Puis Oméga invite les enfants à suivre leurs compagnons, les Éléments de la communication.

Élément-Émetteur demande l'attention des enfants et leur dit:

— Nous devons d'abord créer des champs magnétiques afin que vous puissiez jouer en toute sécurité dans cet espace. Je vous demande donc de rester en file indienne quelques instants, près de l'astronef, pendant que Maître Oméga se charge de délimiter une zone de sécurité.

Alors qu'Élément-Émetteur explique les règles de sécurité, Igor, ayant plus envie de jouer que de faire ce qu'on lui demande, décide de commencer à s'amuser. Il ignore donc l'avis donné par Élément-Émetteur et il s'éloigne du groupe. Il s'élance dans l'espace et commence à faire des acrobaties comme il a toujours rêvé d'en faire. En moins de temps qu'il n'en faut pour l'écrire, Igor se retrouve isolé du groupe et flotte à la dérive, s'éloignant de plus en plus de l'astronef. Élément-Intention veille sur lui, à distance.

Maintenant que les champs magnétiques ont été installés, chacun s'amuse en sécurité, aux jeux de son choix. Quelques-uns se laissent flotter, d'autres font des culbutes, d'autres observent des planètes lointaines, d'autres explorent l'extérieur de l'astronef avec leurs nouveaux compagnons. Les enfants sont très attentifs aux consignes que leur donnent Élément-Émetteur et Élément-Récepteur, afin de rester dans la zone de sécurité. Puis, ils participent à des jeux qu'Élément-Attention leur a préparés pour les féliciter d'avoir si bien travaillé.

 Au même moment, Oméga s'affaire au centre de contrôle. Il observe attentivement à l'écran central ce qui se passe à l'extérieur du vaisseau. Il y voit le groupe d'enfants heureux de s'amuser, très attentifs et réceptifs à suivre les consignes de sécurité régissant un univers qu'ils ne connaissent pas. Soudain, un appel de détresse se fait entendre.

Oméga met toute son attention à l'écran afin de repérer d'où vient ce S.O.S. Le son devient de plus en plus clair et il entend alors un voyageur de l'espace crier à fendre l'âme.

– À l'aide! Je suis perdu! Au secours! Venez me chercher! J'ai peur! Je m'éloigne de plus en plus de l'astronef!

C'est en ajustant le focus qu'Oméga aperçoit Igor en péril, perdu dans l'immensité de l'espace, à des centaines de kilomètres de l'astronef. Il actionne alors la manette de grossissement et, appuyant sur la touche de son, il interpelle Igor.

– Qui es-tu? demande Oméga.

Reconnaissant la voix, Igor soulagé, répond:

– Oméga, vous le savez qui je suis! Je m'appelle Igor et j'accompagne le groupe en mission.

– Impossible, répond d'un ton ferme Oméga. Le groupe d'enfants en mission s'amuse tout près du vaisseau.

– Mais... mais... mais..., proteste Igor, ce n'est pas ma faute. Je voulais juste faire de l'acrobatie. De plus, on ne m'avait pas dit que c'était si dangereux que ça! Je n'avais pas le goût de rester en file indienne comme les autres et je me suis retrouvé tout seul, à la dérive.

– Vois-tu, Igor, enchaîne Oméga, lorsque les terriens ont envie de désobéir aux consignes de sécurité qui leur sont données, ils se retrouvent souvent les deux pieds dans les plats ou, si tu préfères, ils se retrouvent, comme toi maintenant, à errer quelque part, à la dérive.

— Je ne savais pas que je me serais retrouvé tout seul, Oméga, dit Igor, d'une voix plaintive. Je veux retourner avec les autres, insiste-t-il, en pleurant.

— Cela est impossible maintenant, Igor, répond Oméga. Pour la sécurité, un champ magnétique a été installé et il est infranchissable. Je peux seulement te rapprocher à la limite de la zone de sécurité jusqu'à ce que tes compagnons reviennent à l'intérieur de l'astronef.

— Oui, mais, insiste Igor, ne pouvez-vous pas l'enlever, vous, le champ magnétique?

— Si je l'enlevais, cela provoquerait une catastrophe, affirme Oméga. Tous tes amis terriens s'en iraient alors à la dérive et ils se perdraient.

Ayant dit cela, Oméga crée un champ d'énergie et ramène Igor dans une zone de sécurité, près du vaisseau. Igor, soulagé mais malheureux d'être isolé du groupe, réfléchit au geste qu'il a fait. Tout à coup, il se rend compte qu'il n'est plus seul.

— Salut à toi, voyageur égaré! entend-il.

— Qui est-ce? interroge Igor, ne voyant personne.

— Je suis Élément-Intention, je suis venu t'aider.

Igor, tout surpris de ne pas voir celui qui l'interpelle, demande:

— Où êtes-vous donc? Je ne vous vois pas.

— Je suis dans le champ magnétique. Tu ne peux pas me voir mais moi, je te vois. C'est Maître Oméga qui m'envoie te chercher afin de te ramener en toute sécurité à l'intérieur du vaisseau. Tes compagnons sont revenus dans la salle de classe à présent.

Aussitôt dit, aussitôt fait et Igor, tout penaud, se retrouve avec ses compagnons. Il s'installe timidement à sa place.

— Où étais-tu? questionne Alpha.

— Comment se fait-il que je ne t'aie pas vu jouer avec nous? demande Nova.

— Dommage que tu n'aies pas été avec nous, dit Aïcha, on a eu beaucoup de plaisir. Nos compagnons, les Éléments de la communication, nous ont fait vivre toutes sortes d'expériences que l'on n'aurait pas pu vivre en leur absence. On pouvait même jouer à la cachette avec Élément-Attention en apparaissant et en disparaissant à volonté.

Oméga arrive dans la salle de classe et laisse les enfants continuer à échanger encore un peu sur le plaisir de leurs expériences hors de l'astronef. Puis Oméga s'adresse au groupe.

— Je demande votre attention, leur dit-il.

Presque instantanément, les enfants se taisent et sont attentifs à Oméga qui leur dit:

— Maintenant que vous vous êtes bien amusés, jeunes terriens, êtes-vous prêts à continuer votre étude de l'univers de la communication?

— Oh oui! répond le groupe. Il ne faut pas perdre de vue notre mission.

— Comment vas-tu, Igor? demande Oméga.

— Ça va bien, maintenant, répond Igor.

– Es-tu en mesure d'être attentif au cours? demande Oméga.

– Oh oui! répond Igor, attentif et intéressé.

– Bien. Alors, les enfants, continuons la leçon car trois autres éléments ont des messages à vous transmettre pour vous aider dans la réussite de votre mission. Pour ce faire, j'invite Élément-Intention à se joindre à nous.

Oméga appuie sur un bouton de la console et Élément-Intention apparaît instantanément à l'écran géant. Les yeux cachés derrière son masque, il dit:

– Salut à vous, voyageurs de l'espace! Ce que je viens vous enseigner est de la plus haute importance pour votre mission.

Tout à coup, d'un geste théâtral, Élément-Intention abaisse son masque et ajoute:

– N'oubliez jamais, jeunes terriens, que derrière toute communication, derrière toute action, se cache une intention, et pour réussir à instaurer la paix sur la planète Terre vous devrez savoir questionner toute intention masquée ou toute intention différente...

Alpha lève la main pour demander la parole.

– Oui? Alpha, dit Élément-Intention.

– Qu'est-ce que cela veut dire «avoir des intentions masquées ou différentes»?

Élément-Intention explique à Alpha et aux autres enfants:

– Avoir des intentions masquées et/ou différentes, c'est vouloir obtenir ou vouloir faire quelque chose sans le dire ouvertement; c'est tromper les autres, en leur laissant croire que l'on vise le même but qu'eux; c'est agir sournoisement à l'insu des

…et Élément-Intention apparaît instantanément
à l'écran géant.

autres pour satisfaire un désir, un besoin. Et cela, jeunes terriens, détruit l'harmonie; c'est là la source première de tout conflit, de toute guerre sur votre planète: c'est la malhonnêteté masquée. Pour établir la paix sur Terre, tous les humains devront renoncer à leurs intentions déguisées et devront viser le bien-être de tous les habitants de leur planète, sans distinction de race, de religion, d'âge ou de sexe. L'enjeu est de taille! N'oubliez pas ceci, jeunes terriens, c'est dans les actions que l'on mesure les véritables intentions.

    — Pour vous aider à comprendre, poursuit Élément-Intention, voici une série d'exemples. Observez-les attentivement à vos écrans.

Un message s'inscrit alors à l'écran personnel de chacun des enfants.

> — *C'est une intention masquée et/ou différente:*
>
> - *quand tu fais semblant de ne pas avoir entendu un message et que tu refuses de suivre les consignes;*
> - *c'en est une aussi quand tu décides de jouer un jeu et que, pour gagner, tu triches en en changeant les règles;*
> - *c'en est une aussi quand, pour paraître plus fin, meilleur ou plus fort, tu exagères en racontant un fait qui t'est arrivé;*
> - *c'en est une aussi quand tu veux te faire remarquer par tes amis et que tu les distrais de ce qu'ils étaient à faire;*

> - *c'en est une aussi quand tu te sers de prétextes pour expliquer ne pas avoir fait quelque chose;*
> - *c'en est une aussi quand tu fais semblant d'être content de l'arrivée de quelqu'un alors que sa venue te déplaît;*
> - *c'en est une aussi quand tu te sers de mensonges pour avoir raison sur quelqu'un;*
> - *c'en est une aussi quand tu ne veux pas faire ce que l'on te demande de faire et que, sans exprimer ton désaccord, tu décides de faire autre chose à la place.*

Élément-Intention ajoute:

— Et il y a bien d'autres exemples d'intentions masquées que les terriens utilisent entre eux.

Puis Élément-Intention se tourne vers Igor qui lève la main pour avoir la parole.

— Oui? Igor, dit-il.

— C'est comme lorsque j'ai décidé de ne pas suivre les consignes pour aller faire de l'acrobatie dans l'espace et que je n'ai pas dit à personne ce que je voulais faire, n'est-ce pas? dit Igor.

— C'est ça! Tu as très bien compris, Igor, répond Élément-Intention.

Poursuivant la leçon, Élément-Intention fait apparaître d'autres exemples à l'écran des enfants.

— *C'est une intention masquée et/ou différente:*

* *quand un plus grand se venge sur un plus petit que lui;*
* *c'en est une aussi quand on colporte des mensonges sur le dos de quelqu'un;*
* *c'en est une aussi quand, par plaisir, quelqu'un démolit les jeux des autres;*
* *c'en est une aussi quand quelqu'un fait une promesse qu'il ne tient pas;*
* *c'en est une aussi quand on désobéit aux règlements pour se montrer au-dessus de l'autorité;*
* *c'en est une aussi quand quelqu'un fait exprès de lancer le ballon en direction d'une fenêtre.*

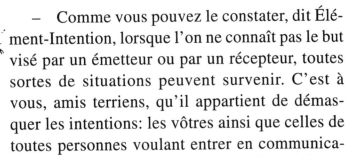 — Comme vous pouvez le constater, dit Élé-ment-Intention, lorsque l'on ne connaît pas le but visé par un émetteur ou par un récepteur, toutes sortes de situations peuvent survenir. C'est à vous, amis terriens, qu'il appartient de démas-quer les intentions: les vôtres ainsi que celles de toutes personnes voulant entrer en communica-tion avec vous. Apprenez, jeunes voyageurs de l'espace, que l'intention c'est la volonté, c'est le désir d'agir d'un émetteur et d'un récepteur. C'est donc par le comportement, par l'atti-tude de l'émetteur et du récepteur que vous reconnaîtrez leurs intentions véritables. Amis terriens, retenez bien ceci: quand l'intention est annoncée dès le début, la discussion se déroule sans mauvaise surprise, sans rebondissement désagréable. Vous devez aussi savoir que, dans une communication, tous les par-ticipants doivent avoir l'intention de communiquer ensemble, c'est-à-dire l'intention d'émettre et l'intention de recevoir des messages. Mais, n'oubliez pas ceci: sur votre planète, les hu-mains aiment bien créer toutes sortes d'effets, des bons et des moins bons. De plus, ils aiment bien se vanter des effets qu'ils créent. C'est pourquoi il est si important de vérifier les inten-tions! Dans une communication ou dans un jeu, quand les intentions sont compatibles, tout se déroule bien et le plaisir est au rendez-vous. Cependant, j'aimerais vous faire voir, à votre écran personnel, des scènes qui se sont passées sur votre pla-nète et dans lesquelles les intentions des participants étaient masquées, ce qui a entraîné des désagréments et des désappoin-tements. Observez bien ceci à votre écran.

Et une scène apparaît à l'écran personnel des enfants.

Josée veut prendre la bicyclette de Pauline. Elle fait croire à sa sœur que sa mère veut la voir. Elle lui dit:

— Maman veut te voir immédiatement! Je pense que c'est au sujet de ton bulletin.

Pauline, inquiète, entre à la maison. À peine a-t-elle refermé la porte derrière elle que Josée, toute contente, se dépêche d'enfourcher la bicyclette de Pauline et s'en va.

Puis la scène disparaît et une autre scène apparaît à l'écran.

Le directeur d'école rencontre Daniel dans le corridor et lui dit simplement ceci:

— Daniel, je veux te voir! Tu viendras à mon bureau pendant la récréation.

À peine sa phrase terminée, le directeur s'en va. Daniel est inquiet et il s'interroge au sujet des intentions du directeur.

— Que me veut-il? Pourquoi veut-il me rencontrer? Ai-je fait quelque chose de mal? se dit-il en lui-même.

Et, comme dans un passé pas très lointain, Daniel s'est fait reprocher son comportement, il craint au plus haut point cette rencontre.

Alors, l'écran s'éteint et Élément-Intention dit aux enfants:

 — Cet exemple démontre comment l'incompréhension des intentions d'un émetteur peut faire naître des émotions, des peurs, des inquiétudes chez le récepteur. Bien des conflits, bien des inquiétudes seraient évités, sur planète Terre, si les humains  faisaient connaître clairement leurs intentions dès le début d'une communication avec quelqu'un.

— Amis terriens, vous avez pu observer, à vos écrans personnels, certaines scènes dans lesquelles des intentions différentes ou des intentions masquées ont empêché l'harmonie, la fraternité, la paix et ont de plus provoqué des conflits entre les émetteurs et les récepteurs. Comprenez-vous l'importance de découvrir les intentions masquées ou cachées? demande Élément-Intention aux enfants.

— Oh oui! disent certains enfants.

— Je comprends de mieux en mieux, répond Nancy.

— En tout cas, dit Luc, je sais pourquoi je ne me faisais pas d'amis.

 — Je me rends compte, dit Élément-Intention, que vous avez tous bien écouté ma leçon. Maintenant, jeunes voyageurs, je laisse la parole à Maître Oméga.

— Amis voyageurs, dit Oméga, vous connaissez maintenant un élément de plus pour vous aider dans votre mission. Je vous propose donc de faire l'exercice pratique que je vous ai préparé afin de bien mesurer votre compréhension d'Élément-Intention. Voici mes instructions: prenez le temps de bien réfléchir avant de répondre aux questions. Prenez le temps de bien vous rappeler une scène réelle et assurez-vous de voir clairement comment elle s'est déroulée.

— Il est essentiel, affirme Oméga, que vous visualisiez cette scène en entier afin de bien comprendre ce qu'Élément-Intention vous a enseigné.

Oméga presse alors une touche du clavier et l'exercice à faire apparaît à l'écran personnel de chaque enfant.

> — *Rappelle-toi une situation qui t'est déjà arrivée et dans laquelle une intention masquée et/ou différente de la tienne a provoqué un désagrément ou un conflit.*
> — *Réflexion.*
> — *T'es-tu senti mal d'être en désaccord?*
> — *Réponse:*
> — *Quelles ont été les conséquences de ce désaccord?*
> — *Réponse:*

Après avoir laissé le temps aux enfants de bien revoir une scène, Oméga leur demande s'ils ont terminé l'exercice.

— Oui, répondent-ils.

— Bien, dit Oméga. Alors toi, Steve, es-tu d'accord pour nous faire connaître ton expérience?

— Oui, je veux bien, dit Steve.

— Êtes-vous d'accord, les enfants? demande Oméga.

Ils affirment tous, d'un signe de tête qu'ils sont d'accord.

— Nous te laissons la parole, Steve, dit Oméga.

Steeve raconte alors, avec un peu de colère dans la voix:

— J'avais invité mes deux cousins, qui étaient déménagés en ville depuis deux ans, à venir en visite pour la fin de semaine. Comme cela faisait longtemps que je ne les avais pas vus, j'avais très hâte de jouer avec eux. Ils étaient à peine arrivés que je leur ai dit:

— Venez vite, nous allons nous baigner au lac, comme par le passé.

— Au lac! Le fond est vaseux, pas question! répond Billy.

— Moi non plus, reprend John. Je me baigne seulement dans des piscines, c'est plus hygiénique.

— On peut aller faire de l'équitation, alors! ai-je suggéré, un peu déçu.

— J'ai mal au cœur juste à me rappeler l'odeur de l'écurie, répond Billy.

— Non, non! Nous avons apporté des livres et des disques. Nous préférons rester à l'intérieur, dit John. Il y a tellement de moustiques à la campagne.

— Ma fin de semaine a été gâchée, reprend Steve.

Oméga laisse alors à Steve la possibilité d'exprimer les sentiments et les émotions qui ont surgi au souvenir de cette scène et il lui demande:

— Dis-moi, Steve, maintenant que tu connais Élément-Intention, la même situation pourrait-elle se reproduire?

– Oh non! s'exclame Steve, car je vérifie-rais si mes cousins ont des intentions différentes des miennes avant de les inviter pour une fin de semaine.

– Bien, dit Oméga.

Et, s'adressant au groupe, il ajoute:

– Jeunes terriens, aimeriez-vous apprendre à reconnaître rapidement les intentions masquées?

– Oh oui! répondent-ils.

– Alors, voici maintenant une série d'expressions qui vous permettront de prévoir qu'une intention est à démasquer. Ob-servez bien à votre écran le message suivant:

> — *Dans une communication, lorsque la réponse que l'on vous donne est évasive et comprend les mots suivants:*
>
> • *ça dépend...*
> • *peut-être...*
> • *si...*
> • *on verra...*
> • *je pense que...*
> • *j'aimerais bien, mais...*
> • *je vais y penser...*
> • *j'irais bien, mais...*
> • *je vais le faire plus tard...*
> • *je n'ai pas eu le temps...*
> • *j'ai été trop occupé...*
> • *je ne sais pas si je peux...*
>   *soyez sûrs, amis terriens, que ces réponses contiennent une intention masquée.*

Le message disparaît et Oméga ajoute:

— Jeunes missionnaires terriens, ayez l'oreille fine et apprenez à détecter et à questionner ces expressions. Cela vous évitera bien des ennuis et vous permettra de vérifier rapidement les intentions masquées.

Oméga invite ensuite Élément-Intention à s'adresser au lecteur afin qu'il puisse, lui aussi, apprendre à démasquer les intentions cachées et/ou les intentions différentes.

– Merci! Maître Oméga, dit Élément-Intention. Ami lecteur, je te salue. Je t'invite à faire l'exercice pratique que je t'ai préparé.

Élément-Intention fait alors apparaître son message à l'écran du lecteur.

– Cet exercice, cher lecteur, te permettra de mesurer la nature des intentions qu'il y a dans tes communications entre tes parents et toi, entre tes frères, tes sœurs et toi, entre tes professeurs et toi, entre tes compagnons de classe et toi, entre tes amis et toi. Pour t'aider, tu peux suivre à la lettre les instructions qu'a données Maître Oméga aux amis terriens lorsqu'il les a invités à revoir des scènes de leur passé. Voici l'exercice:

• souviens-toi d'un moment du passé où il y a eu des intentions masquées et/ou des intentions différentes entre toi et une personne avec qui tu étais en contact;

• décris sur cet écran ce qui s'est passé.

> *Ami lecteur, dis-moi, dans cette scène, toi, en tant qu'émetteur ou en tant que récepteur,*
>
> • *avais-tu des intentions compatibles avec celles de cette personne?*
>
>   oui_____   non_____
>
> • *as-tu fait connaître clairement tes intentions à cette personne?*
>
>   oui_____   non_____
>
> • *as-tu annoncé tes intentions dès le début de la communication afin de ne pas avoir de mauvaises surprises ou des rebondissements désagréables?*
>
>   oui_____   non_____
>
> • *as-tu vérifié dès le début de la communication si cette personne avait des intentions masquées ou différentes des tiennes?*
>
>   oui_____   non_____

Si tu as répondu honnêtement à chacune des questions et que tu as observé les difficultés ou les différends qu'a entraînés l'absence de l'élément intention, tu possèdes assez d'indices maintenant pour être capable de repérer une faiblesse d'intention et pour parvenir à changer ton attitude et ton comportement. Ainsi, tu deviendras un émetteur ou un récepteur bien intentionné et tu pourras aider les jeunes voyageurs de l'espace à rétablir la paix sur la planète Terre.

— Ami lecteur terrien, en faisant cet exercice tu participes à la mission de paix des jeunes voyageurs de l'espace. Je t'en remercie! Maintenant que tu me connais, tu peux te servir de moi afin de démasquer les intentions cachées qu'il y a dans tes communications avec tes parents, avec tes frères et sœurs, avec tes professeurs, avec tes compagnons de classe et avec tes amis. À plus tard, et bonne expérimentation!

L'écran du lecteur s'éteint et Élément-Intention disparaît.

Chapitre 7

ÉLÉMENT-DÉCODAGE: LE TRAIT D'UNION ENTRE L'ÉMETTEUR ET LE RÉCEPTEUR

 Alors qu'Élément-Intention s'adressait au lecteur, Oméga est retourné au centre de contrôle afin de voir, à l'écran central, les raisons qui empêchent les habitants de la Terre de bien décoder leurs messages.

– Combien d'échecs seraient évités si les humains apprenaient à bien déchiffrer les messages qu'ils reçoivent ou les messages qu'ils transmettent, se dit Oméga.

Tout en continuant son observation, Oméga constate que les humains n'utilisent pas de règles qui permettent à l'ensemble des peuples de transmettre leurs messages clairement. Il observe que les adultes n'apprennent aux enfants ni quand ni comment décoder leurs messages. Au contraire, il découvre que les messages ne se rendent pas aux récepteurs en langage clair et sans équivoque, ce qui crée des malentendus.

Ainsi donc, à cause de l'impuissance générale qu'ont les gens à bien décoder les messages, Oméga constate, par leurs attitudes et par leurs frustrations, que la paix et l'harmonie ne

Afin de bien interpréter, Élément-Décodage
rembobine la cassette de son magnétophone.

peuvent exister. Voyant cela, il conclut que les humains sont dans une impasse.

Oméga éteint donc l'écran central et retourne dans la salle de classe. Puis il presse un bouton du clavier et dit:

— Élément-Décodage, ici Oméga. Je t'invite à venir faire connaître aux enfants terriens l'importance de ta présence et à leur démontrer l'importance de ton rôle dans une communication.

Une série de codes apparaissent alors successivement à l'écran géant et une voix lointaine se fait entendre:

Code alphabétique	Code numérique	Code morse
A =	1 =	· —
I =	9 =	··
M =	13 =	—
X =	24 =	— ·· —
Z =	26 =	— ··

Puis la voix se rapproche:

— Est-ce que j'apparais? Est-ce que je n'apparais pas? M'a-t-on appelé ou ne m'a-t-on pas appelé? Voyons voir!

Afin de bien interpréter, Élément-Décodage rembobine la cassette de son magnétophone, puis il écoute l'enregistrement du message: «Élément-Décodage, ici Oméga. Je t'invite à venir faire connaître aux enfants terriens l'importance de ta présence et à leur démontrer l'importance de ton rôle dans une communication.»

— Bien! dit alors Élément-Décodage. Maître Oméga m'invite à expliquer aux enfants l'importance de mon rôle et l'importance de ma présence. Décodage accompli!

Apparaissant alors à l'écran, il dit:

— Me voici, Maître Oméga. Heureusement que je connais les codes de langage que vous utilisez, sans quoi je n'aurais pas réussi à déchiffrer votre message.

S'adressant ensuite aux enfants, il dit:

— Salut à vous, jeunes terriens! C'est heureux que j'aie réussi à décoder l'invitation de Maître Oméga, sans quoi vous m'auriez attendu longtemps et votre mission aurait été d'autant plus retardée. Jeunes terriens, moi, Élément-Décodage, j'ai pour rôle d'enregistrer tous les messages qui me sont émis et, en tout temps, je dois être en mesure de les reproduire fidèlement. Je suis la mémoire des mots, des scènes, des paroles, des situations que j'ai enregistrés à ce jour. Lorsque je décode un message, j'utilise un des codes que j'ai en mémoire. Dites-moi, les enfants, quand vous voulez raconter à vos amis un exploit que vous avez accompli, de quoi vous servez-vous pour vous le rappeler?

À peine Élément-Décodage a-t-il le temps de finir de poser sa question que toutes les mains sont levées. Élément-Décodage désigne quelques enfants pour répondre.

— Moi, dit Aïcha, je fouille dans mes souvenirs.

— Moi, dit Alpha, je me sers de ma mémoire.

– Moi aussi, disent les autres.

– Si je comprends bien, dit Élément-Décodage touchant sa tête, tout comme moi, vous utilisez un système d'enregistrement auquel vous pouvez vous référer et que vous nommez mémoire. J'invite maintenant Élément-Récepteur à venir vous apprendre comment faire pour m'utiliser correctement car moi tout seul, je ne peux rien faire. Il appartient au récepteur de bien m'utiliser.

Et voici qu'apparaît Élément-Récepteur.

– Je vous salue de nouveau, jeunes terriens! dit Élément-Récepteur. Apprenez qu'Élément-Décodage fonctionne comme un magnétophone: il enregistre fidèlement tout ce qui est dit. Mais, pour bien l'utiliser, pour que le décodage soit exact, le récepteur doit:

• entendre le message tel qu'il est émis;
• l'écouter attentivement en entier;
• déchiffrer avec exactitude le sens de tous les mots contenus dans le message.

C'est alors seulement que moi, Élément-Récepteur, je serai en mesure de reproduire fidèlement le message, sans le diminuer, sans l'exagérer, sans l'enjoliver. N'est-ce pas ce que vous avez fait lorsque vous avez décodé une combinaison de chiffres pour découvrir notre identité quand nous nous sommes présentés à vous?

– Oui, c'est ça, répondent les enfants.

– Et nous avons bien réussi, affirme Nancy.

– Ça, je dois l'admettre! C'était un décodage parfait, répond Élément-Récepteur.

Puis Élément-Décodage remercie Élément-Récepteur et reprend la parole.

– Jeunes terriens, pour vous faire approfondir la leçon, j'ai pour vous un message de la plus haute importance que Maître Oméga m'a transmis.

Et Élément-Décodage fait apparaître le message suivant à l'écran de chacun des enfants.

10 - 5 - 21 - 14 - 5 voyageur, un 10 - 15 - 21 - 18 tu pourras, toi 1 - 21 - 19 - 19 - 9, savoir 4 - 5 - 3 - 15 - 4 - 5 - 18 très 18 - 1 - 16 - 9 - 4 - 5 - 13 - 5 - 14 - 20 les messages des 20 - 5 - 18 - 18 - 9 - 5 - 14 - 19 et 1 - 9 - 14 - 19 - 9, tu 16 - 15 - 21 - 18 - 18 - 1 - 19 rétablir la 16 - 1 - 9 - 24 sur ta 16 - 12 - 1 - 14 - 5 - 20 - 5. 15 - 13 - 5 - 7 - 1.

Après quelques minutes, Élément-Décodage s'adresse aux enfants.

– Avez-vous réussi à décoder le message de Maître Oméga, jeunes terriens?

– Oui, disent plusieurs enfants.

– Je l'ai réussi et j'ai compris le message, dit Hugo.

– C'était très facile! dit Josée. Heureusement que je connaissais le code.

– Bien, alors écrivez vos réponses à votre écran, dit Élément-Décodage.

Les enfants s'empressent d'inscrire le résultat de leur décodage.

10 - 5 - 21 - 14 - 5 (Jeune) voyageur, un 10 - 15 - 21 - 18 (jour) tu pourras, toi 1 - 21 - 19 - 19 - 9 (aussi), savoir 4 - 5 - 3 - 15 - 4 - 5 - 18 (décoder) très 18 - 1 - 16 - 9 - 4 - 5 - 13 - 5 - 14 - 20 (rapidement) les messages des 20 - 5 - 18 - 18 - 9 - 5 - 14 - 19 (terriens) et 1 - 9 - 14 - 19 - 9 (ainsi), tu 16 - 15 - 21 - 18 - 18 - 1 - 19 (pourras) rétablir la 16 - 1 - 9 - 24 (paix) sur ta 16 - 12 - 1 - 14 - 5 - 20 - 5 (planète). 15 - 13 - 5 - 7 - 1 (Oméga).

— Très bien! dit Élément-Décodage. C'est réussi! Vous me démontrez que vous avez bien compris le code qu'utilise Maître Oméga. Je vois que vous n'avez rien changé à son message; vous n'avez rien ajouté, rien enlevé, vous ne l'avez ni enjolivé ni enlaidi. Vous vous êtes appliqués à comprendre le code et à bien l'utiliser. N'oubliez pas, jeunes terriens, que pour réussir votre mission sur votre planète, il devra en être ainsi. Pour réussir un décodage, il est essentiel de bien connaître votre langue maternelle, de vous appliquer à la comprendre et de bien l'utiliser. Voici ce qui se passe lorsque deux personnes donnent un sens différent à un mot. Observez bien ceci à votre écran.

Une scène apparaît alors.

> *Un professeur lit un texte à des élèves de 5ᵉ année.*
> *— Ils sont allés voir un port et ses installations...*
> *Un élève de la classe se sent tout confus et ne réussit pas à comprendre le texte et ce n'est que quelques minutes plus tard qu'il réalise qu'il ne s'agit pas du «porc» mais bien du «port».*

— Voici une autre scène dans laquelle le message a été mal interprété, ce qui a causé des ennuis, ajoute Élément-Décodage. Observez bien ceci à vos écrans.

> *Le père de Jean achève d'installer des trappes à souris au sous-sol de sa maison. Il demande:*
> *— Jean, il est tard. Veux-tu aller me chercher du **poisson** avant la fermeture des magasins? J'ai téléphoné pour le réserver.*
> *— J'y vais, papa. Ça ne sera pas long.*
> *— Merci, fiston!*
> *Une demi-heure plus tard, Jean revient à la maison et dit à son père:*
> *— Tiens, papa. Le marchand m'a dit qu'il ne se rappelait pas que tu lui avais téléphoné, mais il t'envoie le **poison** le plus efficace qu'il connaît.*
> *— Le quoi? s'exclame son père, surpris.*

> — *Bien, le poison! Le poison à souris, répond Jean tout surpris de voir son père se tordre de rire.*
>
> — *Du poisson... ha! ha! ha! du poisson pour souper, Jean. C'est ce que j'avais réservé à la poissonnerie. Il n'y a que toi pour faire une stupidité pareille. Ho! ho! ho!*
>
> *Jean, frustré, sort de la maison en claquant la porte.*

Les enfants pouffent de rire en visualisant cette scène. Élément-Décodage intervient alors.

— À vous voir rire, jeunes terriens, je constate que vous trouvez cette scène tordante. Il est vrai que sur votre planète vous avez tendance à trouver plus drôles les bévues des autres que vos propres bévues. Bien que cette scène soit amusante, nous ne devons pas perdre de vue que Jean a été frustré que son père se moque de lui et qu'il lui dise: «Il n'y a que toi pour faire une stupidité pareille.» Dites-moi, les enfants, en avez-vous déjà vécu des situations comme celle-là lorsque vous étiez sur la planète Terre?

Les enfants font oui en hochant la tête en guise de réponse et ils n'ont plus envie de rire. Maintenant que le calme est rétabli, Élément-Décodage poursuit la leçon.

— Il y a d'autres situations dans lesquelles la mauvaise interprétation cause bien des désagréments, dit-il. Observez cette scène à vos écrans.

C'est la soirée de remise des bulletins à l'école. Le professeur de Suzie a fixé un rendez-vous à ses parents mais sa mère n'est pas sûre de l'heure exacte.

— Est-ce à six heures ou à dix heures? Ce n'est certainement pas à dix heures, se dit-elle, les professeurs ne doivent pas travailler aussi tard.

Et, se hâtant de se rendre à l'école, après sa journée de travail, la mère de Suzie attend, et attend et attend...

— Il y a aussi des situations dans lesquelles la mauvaise interprétation cause d'amères déceptions, ajoute Élément-Décodage. Observez cette scène à vos écrans.

Stéphane a très envie d'avoir une bicyclette. Il demande alors à son père:

— Si j'ai de bons résultats scolaires à ma prochaine étape, vas-tu vouloir m'acheter une bicyclette, papa?

— Si tu as de bons résultats, oui, répond son père.

Durant cette période, Stéphane s'imagine déjà se promenant à bicyclette avec ses amis. À la fin de l'étape, tout joyeux, il présente son bulletin à son père.

— J'ai amélioré mes résultats dans presque toutes les matières, annonce-t-il fièrement. Quand m'achète

> *ras-tu ma bicyclette?*
> — *Fais-moi voir ça! dit son père en prenant le bulletin. Il le lit, puis il ajoute:*
> — *Tu appelles ça de bons résultats, toi? Mathématique 3, français 2, éducation physique 1, sciences humaines 3. Des bons résultats, mon fils, c'est 1 dans toutes les matières.*
> — *Mais, papa!*
> — *Il n'y a pas de «mais, papa». C'est ça!*

Et la scène disparaît sur l'air dépité de Stéphane.

— C'est ce qui arrive quand l'émetteur et le récepteur ne s'entendent pas sur le sens des mots ou changent volontairement le sens d'un mot, reprend Élément-Décodage.

— Sur votre planète, ajoute élément Élément-Décodage, il y a beaucoup de mauvaises interprétations des messages, ce qui cause des malentendus, de la souffrance et entraîne souvent une rupture d'amitié. Jeunes terriens, n'oubliez jamais qu'en mon absence un message est perdu, ce qui laisse la porte ouverte à beaucoup d'émotion et risque de faire surgir beaucoup de révolte. Pour réussir à instaurer la paix sur la planète Terre, vous devrez savoir décoder un message et vous devrez apprendre

Durant cette période, Stéphane s'imagine déjà
se promenant à bicyclette.

ensuite aux humains comment m'utiliser. Maintenant, amis terriens, je laisse la parole à Maître Oméga.

    – Jeunes voyageurs, dit Oméga, maintenant que vous avez rencontré Élément-Décodage et que vous avez bien suivi sa leçon, je vous propose de faire un exercice pratique. Voici mes instructions: prenez le temps de bien réfléchir avant de répondre aux questions; prenez le temps de bien vous rappeler une scène réelle et assurez-vous de voir clairement comment elle s'est déroulée. Il est essentiel que vous visualisiez cette scène en entier afin de bien comprendre ce qu'Élément-Décodage vous a enseigné.

    Oméga presse alors une touche et fait apparaître l'exercice à l'écran des enfants.

>   *– Rappelle-toi une situation qui t'est déjà arrivée et dans laquelle un décodage mal fait a provoqué un désagrément.*
>
>   *– Réflexion.*
>
>   *– T'es-tu senti mal de ce mauvais décodage?*
>
>   *– Réponse:*
>
>   *– Quelles ont été les conséquences de ce mauvais décodage?*
>
>   *– Réponse:*

    Après avoir laissé le temps aux enfants de bien revoir une scène, Oméga leur demande s'ils ont terminé l'exercice.

– Oui, répondent plusieurs enfants.

– Oui, et c'était facile de me souvenir d'une scène en particulier, dit Cynthia.

– Moi aussi! ajoute Luis.

– Les enfants, êtes-vous d'accord pour que Cynthia nous raconte son expérience?

– Oui, répondent-ils.

– Alors, nous t'écoutons, Cynthia.

Cynthia raconte:

– Un jour, ma mère m'a dit:

– Comme tu vas au centre commercial, je te donne 10 $ et tu rapporteras des jeux pour ton petit frère et ta petite sœur.

À mon retour, j'ai été surprise de leur accueil et j'ai été étonnée de voir comment ils tournaient autour de moi pendant que je déballais mes emplettes. Finalement, ma mère me dit:

– Et les jeux, Cynthia, les as-tu oubliés?

– Mais non, maman, les œufs je les ai mis au réfrigérateur.

– Les œufs? a dit maman, toute surprise. Ce sont des jeux que je t'ai demandé de rapporter aux enfants, pas des œufs.

Mona, ma petite sœur, n'a pas cessé de gémir tant que je ne suis pas retournée au centre commercial acheter des jeux. Par la suite, quand mon père est arrivé, nous avons bien ri en racontant le malentendu.

– Tu as pu constater, Cynthia, dit Oméga, qu'un seul mot mal entendu peut entraîner des pas inutiles.

– Plusieurs pas inutiles. J'ai dû marcher un kilomètre, de répondre Cynthia.

Oméga s'adresse ensuite au groupe:

— Êtes-vous d'accord, les enfants, pour que ce soit maintenant au tour de Luis de raconter son expérience?

Les enfants acquiescent tous d'un signe de tête.

Oméga dit alors:

— Nous t'écoutons avec attention, Luis.

Luis raconte:

— Un matin, mon père a dit à ma mère:

— Je travaille ce soir; toi, qu'as-tu l'intention de faire?

— Je pense que je vais rester à la maison avec les enfants car il y a une bonne comédie qui passe ce soir, à la télévision. Ça se peut que j'aie envie de la regarder avec eux.

Tout heureux d'entendre ça, je dis à ma sœur Dolorès:

— Ce soir, on regarde une comédie avec maman!

— Youppi! dit Dolorès.

Le soir venu, j'aperçois ma mère qui s'apprête à sortir.

— Comment, maman, tu ne regardes pas une comédie avec Dolorès et moi, ce soir?

— Non, j'ai accepté une invitation, répond ma mère.

— Tu l'as dit à papa, ai-je ajouté.

— À ton père, j'ai dit: «Ça se peut que». Là, j'ai autre chose à faire.

— J'ai été très déçu parce que moi, j'avais décodé que c'était certain que maman resterait avec nous, ce soir-là.

Oméga laisse alors à Luis la possibilité d'exprimer les sentiments et les émotions qui ont surgi au souvenir de cette scène puis il lui demande:

— Luis, maintenant que tu connais Élément-Décodage, la même situation pourrait-elle se reproduire?

— Non! Oh non! répond vivement Luis, car maintenant je sais bien comment il est important de bien déchiffrer tous les mots d'un message sans se faire croire que le message veut dire quelque chose d'autre que ce qu'il veut dire. Je sais décoder un «ça se peut» et un «peut-être». Je ne m'y laisserai plus prendre, à présent.

— Bien! dit Oméga.

Et se retournant vers le groupe, il enchaîne:

— Les enfants, il est indispensable d'apprendre à bien déchiffrer un message; c'est la raison pour laquelle Élément-Décodage existe. Il vise à vous faire entendre la vérité, l'heure juste sur les situations et non pas à vous faire refléter l'illusion de ce que vous aimeriez voir arriver. Le but du décodage est de faire en sorte que le message soit compris tel qu'émis, sans que le récepteur n'en modifie le contenu ou sans qu'il n'en diminue la teneur. Recevoir un message, c'est bien. Savoir le déchiffrer, c'est mieux. Sinon, qu'arrivera-t-il du message?

— Il sera perdu, répondent plusieurs enfants.

— Sans décodage, on s'illusionne sur ce que l'on aimerait bien voir arriver, répond Luis.

— Des fois, c'est difficile de décoder, dit Maryse.

— Tu as raison, Maryse, répond Oméga. Jeunes voyageurs, voici certaines phrases qui sont utilisées quotidiennement sur la planète Terre et qui sont terriblement difficiles à décoder. Elles sont source de débats. Observez-les bien à votre écran.

Oméga fait alors apparaître à l'écran des enfants le message suivant:

> — *Voici une série de phrases imprécises et très difficiles à décoder:*
> - *«Peux-tu m'apporter cette chose-là?»*
> - *«Où as-tu mis le machin?»*
> - *«Va me chercher l'affaire qui visse.»*
> - *«Comment as-tu fait pour le réparer aussi rapidement?» «Ah! c'est juste un truc...»*
> - *«Quel était le problème de la voiture?» «C'est la gugusse qui collait.»*
> - *«Apporte-moi le gros tournevis.» Lequel? Il y en a huit.*
> - *«Apporte-moi le canard.» L'oiseau ou la bouilloire?*
> - *«As-tu vu l'affaire?» «Quelle affaire?» «L'affaire qui est là.»*
> - *«Attends-moi au coin de la rue.» À quel coin et de quelle rue?*
> - *«C'était écœurant.» Répugnant ou super?*

L'image disparaît, puis Oméga ajoute:

– Lorsque les phrases ne sont pas déchiffrables, c'est que l'émetteur utilise un code de langage différent du vôtre.

– Que voulez-vous dire par un code de langage différent? demande Luigi.

— Eh bien! je veux dire ceci: de nombreux humains ont tendance à donner aux mots un sens très différent de celui reconnu par le dictionnaire, ce qui occasionne une multitude de fausses interprétations. Jeunes terriens, pour la réussite de votre mission, il est important que vous sachiez que lorsque les humains utilisent des mots que leurs récepteurs ne peuvent pas comprendre ou lorsqu'ils inventent des mots sans en préciser le sens, il n'y a plus alors de communication possible. Quand cela arrive, cela entraîne des difficultés de décodage rendant le message indéchiffrable. C'est à cause du mauvais décodage d'un message que bien des conflits, bien des difficultés surgissent dans vos familles, à l'école, avec vos amis. Jeunes terriens, aimeriez-vous savoir repérer rapidement qu'un mauvais décodage a eu lieu dans une communication?

— Oui, répondent les enfants.

— Il existe des phrases passe-partout pour vous mettre sur la piste de mauvais décodages, ajoute alors Oméga.

Puis, pressant un bouton, il fait apparaître à l'écran des enfants le message suivant:

> *– Quand vous obtenez une réponse telle que:*
> - *«Ah! je pensais que tu voulais dire ceci.»*
> - *«Tu es sûr que c'est ça que tu m'avais dit?»*
> - *«Je ne me souviens pas que tu m'aies dit ça comme ça...»*
> - *«Ah! mais, je ne pensais pas que c'est ça que tu voulais dire.»*
> - *«Si je l'avais compris, j'y serais allé.»*
> *et bien d'autres réponses du même genre, c'est qu'un mauvais décodage a eu lieu entre un émetteur et un récepteur.*

Oméga ajoute:

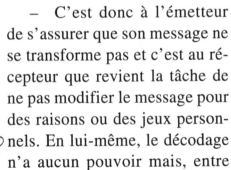

– C'est donc à l'émetteur de s'assurer que son message ne se transforme pas et c'est au récepteur que revient la tâche de ne pas modifier le message pour des raisons ou des jeux personnels. En lui-même, le décodage n'a aucun pouvoir mais, entre les mains d'un émetteur et d'un récepteur qui le connaissent et qui le maîtrisent, le décodage fait toute la différence entre le calme et la tempête. Sachez, jeunes terriens, l'importance de bien décoder un message et de ne jamais laisser le soin à quelqu'un d'autre de l'interpréter à votre place car, qui peut garantir que l'autre l'aura bien compris? Si les humains veulent sortir du climat de violence qui règne sur la planète Terre, ils devront bannir de leurs communications les mauvaises interprétations, le langage équivoque, les réponses évasives qui rendent le décodage impossible. C'est à vous, jeunes visiteurs terriens, que revient la tâche de leur apprendre à décoder les messages maintenant que vous l'avez appris. C'est ainsi seulement que la paix pourra régner sur votre planète et que l'harmonie s'installera entre un émetteur et un récepteur.

Voulant vérifier s'il a bien été compris, Oméga demande aux enfants:

— Quelle est la dernière phrase que j'ai dite?

Les enfants lèvent tous la main pour répondre. Oméga désigne Nancy, avec l'accord du groupe.

Nancy s'empresse de répondre:

— Je suis certaine de bien l'avoir en mémoire. Vous avez dit: «C'est ainsi seulement que la paix pourra régner sur votre planète et que l'harmonie s'installera entre un émetteur et un récepteur.»

— Est-ce bien cela que j'ai dit? demande Oméga au groupe d'enfants.

— Oui, répondent-ils tous en chœur.

— Parfait, les enfants, répond Oméga. Vous savez maintenant que le décodage permet de limiter les conflits. Vous pourrez, en décodant avec exactitude les messages que vous recevrez, entendre réellement ce que les gens émettent et, dans le doute, vous les questionnerez davantage. Avez-vous tous bien compris cela?

— Oui, affirment-ils.

 Oméga invite ensuite Élément-Décodage à adresser son message au lecteur afin qu'il puisse, lui aussi, mesurer sa qualité de décodage dans ses communications.

– Merci! Maître Oméga, dit Élément-Décodage. Ami lecteur, je te salue! Je t'invite à faire l'exercice pratique que j'ai préparé pour toi.

Élément-Décodage fait alors apparaître son message à l'écran du lecteur.

> *– Cet exercice, cher lecteur, te permettra de mesurer la qualité de décodage qu'il y a dans tes communications entre tes parents et toi, entre tes frères, tes sœurs et toi, entre tes professeurs et toi, entre tes compagnons de classe et toi et entre tes amis et toi. Pour t'aider, tu peux suivre les instructions qu'a données Maître Oméga aux amis terriens lorsqu'il les a invités à revoir des scènes de leur passé. Voici l'exercice:*
>
> • *souviens-toi d'un moment du passé où une difficulté de décodage a eu lieu entre toi et une personne avec qui tu étais en contact;*
>
> • *décris, sur cet écran, ce qui s'est passé.*

Jeune lecteur terrien, dis-moi, dans cette scène, toi, en tant qu'émetteur ou en tant que récepteur,

• *as-tu tenté de deviner le message au lieu de l'écouter en entier?*

        *oui*____   *non*____

• *le message émis a-t-il été reçu sans être diminué, sans être exagéré ou sans être enjolivé?*

        *oui*____   *non*____

• *est-ce que tous les participants à cette communication ont utilisé un vocabulaire que chacun était en mesure de comprendre?*

        *oui*____   *non*____

• *est-ce qu'un langage imprécis a rendu le message impossible à décoder?*

        *oui*____   *non*____

Si tu as répondu honnêtement à chacune des questions et que tu as observé les difficultés ou les différends qu'a entraînés l'absence de l'élément décodage, tu possèdes assez d'indices maintenant pour être capable de repérer une faiblesse de décodage et pour parvenir à changer ton attitude et ton comportement. Ainsi, tu deviendras un émetteur ou un récepteur habile à décoder et tu pourras aider les jeunes voyageurs de l'espace à rétablir la paix sur la planète Terre.

— Jeune lecteur terrien, je te remercie d'avoir bien voulu te joindre aux jeunes voyageurs en acceptant de faire cet exercice. Maintenant que tu me connais, tu peux te servir de moi afin de vaincre tes difficultés à décoder les messages avec tes parents, avec tes frères et sœurs, avec tes professeurs, avec tes compagnons de classe et avec tes amis. À plus tard, et bonne expérimentation!

L'écran du lecteur s'éteint puis Élément-Décodage disparaît.

Élément-Rétroaction se présente à l'écran,
l'œil scrutateur et ajustant ses rétroviseurs...

Chapitre 8

ÉLÉMENT-RÉTROACTION:
LE RETOUR À LA SOURCE

 Pendant qu'Élément-Décodage donnait son message au lecteur, Oméga s'est installé devant l'écran central, au centre de contrôle, pour syntoniser la fréquence de la planète Terre. En appuyant sur différents boutons, il voit l'impasse dans laquelle se trouvent les terriens à cause de l'incompréhension qui provient de mauvais établissements de communications. Oméga voit aussi que la majorité des humains refuse de faire un retour en arrière dans ses communications afin d'en clarifier les malentendus.

Il constate qu'à cause de ce fait les humains accumulent les insatisfactions, les différends, les conflits, les désirs de vengeance, les séparations et qu'ils restent ensuite trop souvent sur leurs gardes et ne font plus confiance à personne. Oméga constate de plus que les humains sont prisonniers de leur inhabileté et de leur impuissance à régler leurs malentendus et qu'ils se referment de plus en plus sur eux-mêmes.

Oméga éteint l'écran et retourne dans la salle où sont les enfants. Il leur dit:

– Vous savez, les enfants, si les humains acceptaient d'un commun accord de se servir de la rétroaction pour régler leurs malentendus, la vérification de leurs messages se ferait avec plaisir et dans un désir grandissant d'harmonie. Au lieu d'avoir à subir des conflits, ils vérifieraient deux fois le contenu des messages qu'ils émettent et qu'ils reçoivent. Jeunes terriens, puisque vous connaissez les difficultés qu'un émetteur et qu'un récepteur peuvent rencontrer sur leur route en l'absence de la syntonisation, de l'attention, de l'intention et du décodage, vous êtes maintenant prêts à rencontrer le septième élément de la communication, celui qui permet le retour à la source du message. En son absence, plusieurs situations risquent de rester dans l'incompréhension.

Oméga invite ensuite Élément-Rétroaction à venir faire connaître aux enfants l'importance de sa présence et à leur démontrer l'importance de son rôle dans une communication.

Élément-Rétroaction se présente à l'écran, l'œil scrutateur et ajustant ses rétroviseurs.

– Bonjour! voyageurs de l'espace. Je suis Élément-Rétroaction. Vous souvenez-vous de moi?

– Oh oui! s'exclament les enfants.

– Amis terriens, dit Élément-Rétroaction, apprenez que mon rôle consiste à démontrer ma compréhension des messages reçus en en faisant un résumé. Ma présence est indiscutable si l'émetteur ne veut pas que ses messages restent sans réponse ou que les réponses soient interprétées différemment ou encore que le contenu du message soit modifié lorsqu'il est décodé par le récepteur.

Élément-Rétroaction poursuit son explication:

— Ce que je viens vous enseigner est très important pour la réussite de votre mission. N'oubliez jamais, jeunes terriens, que toute communication doit se terminer par une vérification de la compréhension du message. Sans cela, que d'incertitudes et que de rebondissements imprévus vous aurez!

Pour établir l'harmonie sur votre planète, c'est donc par une rétroaction que devra se conclure toute communication.

Soudain, devenant tout scintillant, Élément-Rétroaction ajoute:

— Moi, je fais la lumière sur les communications et ainsi, je contribue à établir et à maintenir l'harmonie. Comprenez bien ceci, jeunes terriens, si je n'existais pas, l'harmonie disparaîtrait.

— Comment ça? demande Hito.

— Tout simplement parce que les problèmes que vous vivez sur la planète Terre continueraient à ne pas être clarifiés et les conflits se perpétueraient. N'est-ce pas ce qui se passe sur votre planète? demande Élément-Rétroaction.

Tous les enfants acquiescent d'un signe de tête et Luigi de rajouter:

— C'est exact et c'est pour trouver une solution que nous avons été choisis. C'est le but de notre mission d'apprendre un moyen pour vivre en harmonie.

Élément-Rétroaction poursuit:

— Ma présence permet de mettre fin à tous les problèmes qui se vivent à la suite d'une communication. Je suis l'élément qui apporte la solution à toute question qui n'a pas reçu de réponse ou dont la réponse a provoqué un conflit entre un émetteur et un récepteur. Et j'apporte la solution en interrogeant la présence de chacun des éléments de la communication. Je suis donc l'élément inquisiteur, celui qui pose des questions sur tout message reçu, toute scène ou toute situation vécue dans le passé d'un émetteur et d'un récepteur.

Élément-Rétroaction continue son exposé:

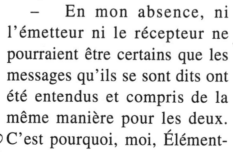

    – Mon but consiste à ramener un émetteur et un récepteur au cœur des messages qui ont été échangés afin qu'ils puissent les analyser, les mesurer, les vérifier pour clarifier leur compréhension ou pour régler leurs malentendus. J'agis comme un détective. Pour bien jouer mon rôle, je dois appeler au rapport chacun des éléments de la communication et je dois mesurer et questionner leur présence dans le message, dans la scène ou dans la situation qui a rebondi entre l'émetteur et le récepteur. C'est donc à l'émetteur et au récepteur que revient le rôle de m'utiliser avec sagesse.

Puis la lumière qui émanait d'Élément-Rétroaction s'éteint graduellement et il ajoute:

    – En mon absence, ni l'émetteur ni le récepteur ne pourraient être certains que les messages qu'ils se sont dits ont été entendus et compris de la même manière pour les deux. C'est pourquoi, moi, Élément-

Rétroaction, je suis indispensable à toute communication. Amis terriens, il est de la plus haute importance que vous compreniez bien ceci. Maître Oméga m'a confié que les terriens ne savent pas analyser certains messages qu'ils se transmettent. À l'écran central, il m'a fait observer des disputes, des révoltes causées par l'absence d'une méthode qui leur permettrait de retourner dans les messages et de vérifier ce qui s'y est dit. Alors, au lieu de revenir sur une com- munication et de questionner l'émetteur lorsqu'ils ne sont pas certains d'avoir bien entendu, les terriens continuent leur chemin et laissent les malentendus s'accumuler.

Redevenant tout scintillant de lumière, Élément-Rétroaction ajoute:

— En ma présence, il est impensable qu'un message provoque de la haine ou un désir de vengeance car un récepteur qui sait m'utiliser est très heureux de questionner son émetteur afin de clarifier et le message et le sens qu'il veut lui donner. Maintenant que vous avez appris le rôle de chacun de mes six compagnons Éléments, il vous sera plus facile d'apprendre à m'utiliser dans vos communications.

Puis Élément-Rétroaction demande aux enfants:

— Dites, les amis, quand vous faisiez les exercices que Maître Oméga vous demandait de faire, comment vous y preniez-vous?

— Moi, je repensais à une scène qui s'est passée sur ma planète et je la revoyais dans ma tête, répond Roberto.

– Moi, je revoyais un souvenir de ma vie et c'était comme un film qui se déroulait, dit Patricia.

– Dites-moi, Élément-Rétroaction, est-ce que cela veut dire qu'on faisait une rétroaction lorsque l'on se rappelait une scène de notre vie dans laquelle on n'avait pas eu l'attention de quelqu'un? demande Annie.

– Hum... Hum... font quelques enfants.

À peine Annie et les enfants ont-ils le temps de terminer leurs commentaires, qu'Élément-Rétroaction sautille de joie sur place, créant un scintillement d'étoiles et de lumière au-dessus de sa tête et de la tête des enfants.

Devant ce fait inattendu, Fernandez interroge Élément-Rétroaction:

– Qu'est-ce qui se passe, Élément-Rétroaction?

Élément-Rétroaction, encore tout étincelant, répond:

– Je scintille de constater que vous avez compris mon message, que vous avez compris que Maître Oméga vous faisait utiliser la rétroaction pour revoir des scènes de votre passé. Si vous me voyez gambader ainsi, mes chers terriens, si vous me voyez entouré d'étoiles et de lumière, c'est que je suis heureux que vous ayez suivi attentivement les indications de Maître Oméga lorsqu'il vous invitait à retourner, par le souvenir, dans des scènes du passé. Maintenant que vous savez à quoi je sers, vous devez apprendre à m'utiliser davantage pour faire la lumière sur toutes les communications que vous émettez ou que vous recevez. Voulez-vous un exemple qui vous permettra de comprendre davantage, les enfants?

— Oh oui! répondent-ils.

— On comprend beaucoup plus avec un exemple, ajoute Nova.

— Amis terriens, je vous ai préparé un exemple d'une scène dans laquelle les problèmes auraient pu être évités si une rétroaction avait été faite au moment où la situation s'est produite. Observez bien attentivement tout ce qui se passe dans mes rétroviseurs.

Actionnant ses circuits, Élément-Rétroaction agrandit alors ses rétroviseurs de trois mètres.

— Oh! Ah! s'exclament les enfants.

— Voyez-vous tous bien, les enfants? demande Élément-Rétroaction.

— Oh oui! très bien, répondent-ils, sous l'effet de surprise.

Et une scène apparaît alors au rétroviseur frontal d'Élément-Rétroaction.

Amélie est une élève de la polyvalente Le Goéland. Ce soir, elle chante lors d'un spectacle donné à la polyvalente Le Bateau bleu. Elle demande à son frère:

– Martin, peux-tu venir me chercher à la poly après le spectacle? On termine à 23 heures.

Martin répond:

– Si je n'ai pas à t'attendre, parce qu'à 23 heures 30 il y a un bon film qui passe à la télévision.

À 23 heures, Martin se présente à la polyvalente Le Goéland et attend Amélie.

> *Amélie attend l'arrivée de Martin à la polyvalente Le Bateau bleu.*
>
> *Après avoir attendu jusqu'à 23 heures 25, Amélie perd patience et se disant: «On ne peut jamais se fier à lui», elle décide de retourner chez elle en taxi. Au même moment, s'apercevant qu'il est presque 23 heures 30 et ne voyant toujours pas Amélie arriver, Martin se choque et se dit: «La prochaine fois, tu t'organiseras sans moi. Attends, toi, quand je vais arriver à la maison, tu vas avoir de mes nouvelles.»*
>
> *Aussitôt que Martin entre dans la maison, une engueulade éclate entre Amélie et lui et, dans leur colère, ils s'accablent de bêtises et de reproches.*

Après avoir fait voir cette scène aux enfants, Élément-Rétroaction ramène son rétroviseur frontal à sa grandeur régulière puis se grattant la tête et réfléchissant, il se demande:

— Que s'est-il donc passé entre l'émetteur et le récepteur pour que la soirée se termine par une engueulade?

Se sentant concernés, Élément - Émetteur et Élément-Récepteur arrivent promptement et se placent chacun dans un des rétroviseurs situés de chaque côté de la tête d'Élément-Rétroaction.

– Nous venons au rapport, Élément-Rétroaction, disent-ils.

– Très bien! dit Élément-Rétroaction, regardant à sa droite puis à sa gauche.

Puis il commence son enquête afin de comprendre ce qui s'est passé dans cette situation:

– Dites-moi, Élément-Émetteur, dans cette scène, Amélie avait-elle envie d'émettre un message à Martin? demande-t-il.

Élément-Émetteur s'empresse de répondre:

– Amélie avait envie d'émettre un message à son frère, Martin, car elle désirait fortement qu'il aille la chercher après le spectacle.

– Bien, dit Élément-Rétroaction et, poursuivant son enquête, il ajoute:

– Dites-moi, Élément-Récepteur, Martin avait-il envie de recevoir le message d'Amélie?

– Oui, répond Élément-Récepteur. La réponse de Martin démontre qu'il était disposé à recevoir le message d'Amélie.

Analysant la situation, Élément-Rétroaction reprend:

– Bien, très bien! Amélie et Martin avaient tous deux envie d'être en communication.

Poursuivant son enquête, Élément-Rétroaction demande:

– Dites-moi, Élément-Émetteur, dans cette scène Amélie a-t-elle bien syntonisé avec son frère, Martin? demande-t-il.

– Je vérifie, dit Élément-Émetteur qui invite alors Élément-Syntonisation à venir donner sa réponse.

Élément-Syntonisation apparaît dans le rétroviseur de droite et se joint à Élément-Émetteur. En ajustant sa fréquence, il s'empresse de répondre:

– Hé! avez-vous vu ça?
– Il y en a deux!

 – Amélie a bien syntonisé la longueur d'onde de Martin. C'est lorsqu'elle a dû attendre à la porte de l'école qu'elle a rompu la syntonisation entre Martin et elle.

Élément-Rétroaction poursuit:

– Et vous, Élément-Récepteur, dites-moi, dans cette scène Martin a-t-il bien syntonisé avec Amélie?

– J'examine ça tout de suite, répond Élément-Récepteur qui invite Élément-Syntonisation à venir donner sa réponse.

Élément-Syntonisation apparaît dans le rétroviseur de gauche. Il ajuste sa fréquence en se joignant à Élément-Récepteur pour transmettre sa réponse.

Tout à coup, des exclamations viennent interrompre la leçon. Les enfants, surpris de voir Élément-Syntonisation en double, s'exclament:

– Hé! avez-vous vu ça?

– Il y en a deux!

– Comment ça se fait?

– Pourquoi sont-ils deux?

Afin qu'Oméga puisse expliquer le phénomène aux enfants, Élément-Rétroaction lui redonne la parole. Oméga leur demande:

– Jeunes terriens, Élément-Émetteur et Élément-Récepteur sont tous deux les porte-clés de la communication, vous vous souvenez?

– Oui, oui, répondent en chœur les enfants.

– Alors, poursuit Oméga, dans une communication, Élément-Émetteur doit utiliser sa série de clés que sont la

syntonisation, l'attention, l'intention, le déco-dage et la rétroaction.

Pour bien illustrer ce qu'explique Oméga, Élément-Émetteur se transforme alors en porte-clés dans lequel sont insérés les cinq éléments clés de l'émission.

Oméga ajoute:

– Élément-Récepteur doit, lui aussi, utiliser sa propre série de clés que sont la syntonisation, l'attention, l'intention, le décodage et la rétroaction.

Pour bien illustrer ce qu'explique Oméga, Élément-Récepteur se transforme lui aussi en porte-clés dans lequel sont insérés les cinq éléments clés de la réception.

– Si l'émetteur ou le récepteur n'utilisaient pas une de leurs clés, dit Oméga, les portes de la communication harmonieuse ne s'ouvriraient pas pour eux dans l'univers. Jeunes terriens, vous qui connaissez maintenant les éléments de la communication, vous êtes aussi des porte-clés de la communication en tant qu'émetteurs et en tant que récepteurs, ce qui vous permet ainsi d'ouvrir la porte à l'harmonie et de vivre en paix.

Oméga poursuit l'enseignement à ces jeunes voyageurs et leur dit:

– Comprenez bien, amis terriens, que lors de la rétroaction, afin de savoir exactement ce qui s'est passé dans une communication, chaque émetteur et chaque récepteur doivent vérifier la présence de:

- deux éléments de syntonisation: celui de l'émetteur et celui du récepteur;
- deux éléments d'attention: celui de l'émetteur et celui du récepteur;
- deux éléments d'intention: celui de l'émetteur et celui du récepteur;
- deux éléments de décodage: celui de l'émetteur et celui du récepteur;

- deux éléments de rétroaction: celui de l'émetteur et celui du récepteur.

Et Oméga poursuit:

– Maintenant, comprenez-vous bien, les enfants, pourquoi vous voyez Élément-Syntonisation dans le rétroviseur de droite et dans celui de gauche?

– Oui, répondent-ils.

Et Hamid de rajouter:

– À droite, c'est l'Élément-Syntonisation d'Élément-Émetteur et à gauche c'est l'Élément-Syntonisation d'Élément-Récepteur.

– Oui, c'est ça! répondent certains enfants.

– Bien, les enfants, dit Oméga.

Et Oméga redonne la parole à Élément-Rétroaction:

– Merci, Maître Oméga, dit Élément-Rétroaction.

– Prêts à continuer? demande-t-il aux enfants en les regardant tous de son œil scrutateur.

– Nous sommes prêts, répondent-ils tous ensemble.

– Les enfants, reprend Élément-Rétroaction, vous rappelez-vous quelle question j'ai posée à Élément-Récepteur avant l'explication de Maître Oméga?

– C'était: «Est-ce que Martin a bien syntonisé avec Amélie?» répond Alpha.

– Oui, c'est ça, confirme Élément-Récepteur, et j'ai alors invité Élément-Syntonisation à donner sa réponse.

– Je suis toujours sur la bonne fréquence pour transmettre ma réponse, enchaîne Élément-Syntonisation. Alors la voici: Martin était en bonne syntonisation jusqu'à ce qu'il réalise qu'il était presque 23 heures 30 et qu'Amélie n'était toujours pas là.

– Bien, dit Élément-Rétroaction. Au moment où le message a été émis, la syntonisation était bonne entre Martin et Amélie. Mais c'est lorsqu'ils se sont attendus que la syntonisation s'est rompue et que la chicane s'est déclarée.

Puis Élément-Rétroaction enchaîne:

– Dites-moi, Élément-Émetteur, quelle qualité d'attention Amélie avait-elle lors de cette scène?

– Je mesure ça immédiatement, répond Élément-Émetteur qui invite alors Élément-Attention à venir donner sa réponse.

Élément-Attention se présente, d'un bond, à côté d'Élément-Émetteur et s'empresse de répondre:

– Amélie n'était pas très attentive au message qu'elle émettait, répond-il. Sans cela, elle aurait émis clairement et en entier son message en précisant l'endroit du rendez-vous.

Élément-Rétroaction reprend la parole:

– Dites-moi, Élément-Récepteur, quelle qualité d'attention Martin avait-il lors de cette communication?

– C'est ce que je m'empresse de revoir, répond Élément-

Récepteur en invitant Élément-Attention à venir donner sa réponse.

Élément-Attention rebondit alors à côté d'Élément-Récepteur et répond:

— Martin était plus attentif à l'idée de regarder un bon film à la télévision qu'au message qu'Amélie lui émettait, répond-il. S'il avait été attentif au message d'Amélie, il aurait fait préciser l'endroit du rendez-vous et il n'aurait pas attendu Amélie inutilement. Ainsi il serait revenu à la maison à temps pour regarder le film à la télévision.

— Tiens! Tiens! dit Élément-Rétroaction en analysant la situation. Il y a eu un manque d'attention de part et d'autre.

Et, poursuivant sa rétroaction, il dit:

— Dites-moi, Élément-Émetteur, les intentions d'Amélie ont-elles été annoncées clairement dans cette scène?

— J'évalue cela tout de suite, répond Élément-Émetteur en invitant Élément-Intention à venir donner sa réponse.

Élément-Intention se joint à Élément-Émetteur et, enlevant son masque, il répond:

— Les intentions d'Amélie étaient clairement annoncées. D'ailleurs, elle n'a pas tourné autour du pot et a simplement demandé: «Peux-tu venir me chercher...»

Élément-Rétroaction reprend la parole:

— Dites-moi, Élément-Récepteur, les intentions de Martin étaient-elles clairement annoncées dans cette scène?

– J'analyse ça immédiatement, répond Élément-Récepteur en invitant Élément-Intention à venir le rejoindre pour donner sa réponse.

Élément-Intention se place près d'Élément-Récepteur et, ajustant son masque, il dit:

– Les intentions de Martin étaient claires. Il a même précisé à quelle condition il était prêt à aller chercher Amélie. Cependant, vers 23 heures 30, les choses se sont gâtées et alors le comportement et le langage de Martin démontraient que ses intentions à l'égard d'Amélie avaient changé.

Élément-Rétroaction, analysant la situation, dit:

– Bien! Bien! Au point de départ, les intentions de Martin et d'Amélie étaient compatibles. Par contre, la condition que Martin avait donnée n'ayant pas été respectée, ses intentions ont changé.

Élément-Rétroaction poursuit ensuite son enquête:

– Dites-moi, Élément-Émetteur, le message émis par Amélie pouvait-il être décodé?

– C'est ce que je m'empresse de détecter, répond-il en invitant Élément-Décodage à venir faire connaître sa réponse.

Rembobinant sa cassette, Élément-Décodage s'installe à côté d'Élément-Émetteur et dit:

– Message incomplet! Message imprécis! Donc, le message ne pouvait pas être décodé.

Puis Élément-Rétroaction poursuit:

– Dites-moi, Élément-Récepteur, le décodage du message d'Amélie a-t-il été bien fait?

— C'est ce que je me hâte de vérifier, répond Élément-Récepteur en invitant Élément-Décodage à donner sa réponse.

Élément-Décodage se joint à Élément-Récepteur en rembobinant sa cassette et répond:

— Le décodage du message n'a pas été fait, dit-il. Si le décodage avait été réussi, Martin se serait aperçu que le message était incomplet et imprécis.

Analysant la situation, Élément-Rétroaction dit:

— Voilà! Voilà! Le message émis par Amélie ne pouvait pas être décodé et, de plus, Martin a maladroitement interprété le message.

Ayant constaté ce fait, Élément-Rétroaction se met à peser le pour et le contre qui ont empêché un décodage parfait des messages émis et reçus, et par Martin et par Amélie. En bon détective, Élément-Rétroaction se met à vérifier et revérifier les données. Il jette alors un œil scrutateur vers son rétroviseur de droite et il voit Élément-Émetteur accompagné de ses quatre clés, puis il dirige son regard vers son rétroviseur de gauche et il voit Élément-Récepteur accompagné de ses quatre clés.

— Je suis la cinquième clé, ajoute-t-il. Maintenant, c'est à mon tour d'être questionné afin de bien revoir si on m'a utilisé car moi, Élément-Rétroaction, j'ai deux fonctions:

• premièrement, je sers à prévenir les problèmes. Alors, on m'utilise pour démontrer ou pour vérifier que le message a été bien reçu et a été bien compris;

• deuxièmement, je sers à résoudre les problèmes. Alors, on m'utilise pour comprendre ou pour faire comprendre comment un conflit a pu surgir lors d'une communication.

C'est donc lorsque la rétroaction est faite que la paix et l'harmonie se rétablissent, ce qui veut dire que c'est uniquement lorsque la présence de tous les éléments de la communication a été questionnée, examinée, mesurée, analysée, évaluée, vérifiée que la rétroaction s'accomplit. C'est ainsi que vous parviendrez à établir la paix et l'harmonie sur la planète Terre.

Après avoir donné ces explications aux enfants, Élément-Rétroaction poursuit le questionnement afin de terminer son enquête.

— Dites-moi, Élément-Émetteur, dans cette scène, Amélie a-t-elle fait une rétroaction avec Martin?

— Je révise ça immédiatement, répond Élément-Émetteur. Je vous invite donc, Élément-Rétroaction, à me donner votre réponse.

Élément-Rétroaction scintille quelques secondes en revisualisant la scène et répond:

— Amélie n'a fait aucune rétroaction. Elle s'est contentée de donner son message sans prendre la peine de vérifier si Martin l'avait bien reçu.

Puis, Élément-Rétroaction, reprenant son rôle de vérificateur, poursuit:

— Dites-moi, Élément-Récepteur, Martin a-t-il fait une rétroaction après avoir reçu le message d'Amélie?

— C'est ce que j'examine tout de suite, dit Élément-Récepteur. Je vous invite donc, Élément-Rétroaction, à me faire part de votre réponse.

Élément-Rétroaction scintille quelques secondes en revisualisant la scène et répond:

— Martin n'a pas fait de rétroaction. Il s'est contenté de recevoir le message et d'émettre une condition sans se préoccuper de vérifier s'il avait bien compris l'endroit où il devait retrouver Amélie.

Analysant ensuite la situation, Élément-Rétroaction déclare:

— Tiens! Tiens! Ni Amélie ni Martin n'ont fait de rétroaction sur le message.

Poursuivant sa réflexion, Élément-Rétroaction conclut:

— Maintenant que ma présence et celle de mes compagnons ont été questionnées, examinées, mesurées, analysées, évaluées et vérifiées, je peux enfin dire: rétroaction terminée!

Puis Élément-Rétroaction remercie les deux porte-clés de la communication et leurs séries de clés. Ayant donc complété son enquête, il fait son rapport et dit:

— Maître Oméga, dans cette scène entre Amélie et Martin, il y a eu: absence d'attention, absence de décodage, absence de rétroaction. En conséquence, la syntonisation s'est brisée et les intentions n'ont plus été compatibles l'une avec l'autre. Donc, l'émetteur et le récepteur se sont révoltés.

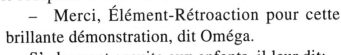

— Merci, Élément-Rétroaction pour cette brillante démonstration, dit Oméga.

S'adressant ensuite aux enfants, il leur dit:

— Comprenez-vous, les enfants, qu'après avoir enseigné les éléments de la communication aux habitants de votre planète, vous pourrez, avec l'aide de la rétroaction, clarifier les situations sans porter aucune accusation et sans faire aucun reproche, tout simplement en questionnant la présence des sept éléments de la communication?

— Oh oui! répondent les enfants.

— Maintenant, pour la poursuite de votre apprentissage, reprend Oméga, je vais vous démontrer comment la rétroaction aurait pu être utilisée par Amélie et Martin pour éviter ce conflit. Observez bien ceci à vos écrans.

La scène entre Amélie et Martin apparaît alors aux écrans des enfants.

> *Amélie demande à son frère:*
>
> *— Martin, peux-tu venir me chercher à la poly après le spectacle? On termine à 23 heures.*
>
> *— Oui, si je n'ai pas à t'attendre, parce qu'à 23 heures 30 il y a un bon film à la télévision et je ne veux pas le manquer.*
>
> *— Je serai à la porte de l'entrée principale à 23 heures, dit Amélie.*
>
> *— Bien, répond Martin.*
>
> *Et, utilisant la rétroaction, Martin vérifie:*
>
> *— Mais à laquelle des deux polyvalentes seras-tu?*
>
> *— Le spectacle est à la polyvalente Le Bateau bleu.*
>
> *— Parfait, dit Martin. À 23 heures, à l'entrée principale de la polyvalente Le Bateau bleu. J'y serai.*
>
> *— C'est ça. Merci, Martin, et bonne soirée, dit Amélie.*
>
> *— Bonne soirée à toi aussi, Amélie.*

> *À 23 heures, Martin se présente à l'entrée princi-*
> *pale de la polyvalente le Bateau bleu et Amélie arrive*
> *tel que convenu. Chemin faisant, ils se racontent leur*
> *soirée et c'est dans la bonne humeur qu'ils retournent*
> *tous les deux à la maison. À 23 heures 30, Martin est*
> *heureux de pouvoir regarder son film.*

L'image disparaît.

– C'est simple à faire une rétroaction, dit alors Anouk. Il suffit de vérifier que les deux se sont bien compris.

– C'est ça, répond Oméga. Et c'est ainsi que vous pourrez prévenir bien des conflits sur votre planète. Jeunes voyageurs terriens, maintenant que vous avez rencontré le septième et dernier élément de l'univers de la communication qui vous aidera à rétablir la paix et l'harmonie sur la planète Terre, je vous propose de faire l'exercice pratique suivant afin de bien mesurer votre compréhension d'Élément-Rétroaction. Voici mes instructions: prenez le temps de bien réfléchir avant de répondre aux questions. Prenez le temps de bien vous rappeler une scène réelle et assurez-vous de voir clairement comment elle s'est déroulée. Il est essentiel que vous visualisiez cette scène en entier afin de bien comprendre ce qu'Élément-Rétroaction vous a enseigné.

Oméga appuie alors sur une touche du clavier et l'exercice à faire apparaît à l'écran de chaque enfant.

> *— Rappelle-toi une situation qui t'est déjà arrivée et dans laquelle le fait de ne pas avoir fait de rétroaction a provoqué un désagrément ou un conflit.*
>
> *— Réflexion.*
>
> *— T'es-tu senti mal de constater que la communication donnait ce résultat?*
>
> *— Réponse:*
>
> *— Quelles ont été les conséquences de ne pas avoir utilisé la rétroaction?*
>
> *— Réponse:*

Après avoir laissé le temps aux enfants de bien revoir une scène de leur vie, Oméga leur demande:

— Avez-vous terminé l'exercice, jeunes terriens?

Les enfants font oui d'un signe de tête.

— Bien, dit Oméga. Dis-moi, Angelo, veux-tu nous faire part de ton expérience?

— Certainement, répond Angelo.

— Êtes-vous d'accord, les enfants? demande Oméga.

— D'accord, répondent-ils.

— Nous t'écoutons, Angelo, dit Oméga.

Et Angelo raconte.

— Je m'étais fait une nouvelle petite amie. Après l'école, j'ai décidé de la raccompagner chez elle. J'en étais très heureux. Alors que nous marchions main dans la main, je lui racontais mes exploits au baseball. J'ai réalisé tout à coup que

Natacha ne m'écoutait plus. J'en étais très mal à l'aise et j'ai arrêté de parler en me disant: «C'est sûr qu'elle ne me trouve pas intéressant et qu'elle ne voudra plus sortir avec moi.» Le lendemain, on m'a raconté que la mère de Natacha était malade et que Natacha était très inquiète quand je l'ai raccompagnée chez elle.

Angelo ajoute:

    – Si j'avais connu la rétroaction à ce moment-là, je ne me serais pas imaginé que Natacha ne me trouvait plus intéressant. Aussitôt que j'aurais vu son manque d'attention, je lui aurais tout de suite demandé: «Qu'est-ce qui se passe, Natacha?» Et elle m'aurait expliqué qu'elle était très inquiète à cause de sa mère. Comme ça, je ne me serais pas imaginé toutes sortes de choses qui n'étaient pas vraies.

– Si j'ai bien compris, maintenant que tu connais la rétroaction, une situation semblable ne pourrait plus t'arriver, n'est-ce pas, Angelo? lui demande Oméga.

– C'est ça, répond-il. Et à l'avenir, je vérifierai avec la personne avec qui je discute afin d'être certain que nous nous sommes bien compris au lieu d'interpréter n'importe quoi.

Puis, Oméga dit aux enfants:

– Amis terriens, aimeriez-vous connaître un modèle de phrases pour vous faciliter l'utilisation de la rétroaction?

– Oh oui! répondent-ils.

– Alors, voici maintenant des phrases à utiliser pour terminer chacune de vos communications. Observez bien le message suivant à votre écran.

> *– Lorsque vous n'êtes pas sûrs d'avoir bien entendu et bien compris le message, la question à poser est:*
>
> • *«Ai-je bien compris...?» et, à cela, vous ajoutez le résumé de ce que vous avez compris.*
>
> *OU*
>
> • *«M'as-tu bien dit que...?» et, à cela, vous ajoutez le résumé de ce que vous avez compris.*
>
> *– Lorsque vous n'avez pas compris un message ou que vous n'avez pas compris le sens d'un mot, la question à poser est:*
>
> • *«Je n'ai pas bien saisi ce que tu m'as dit; pourrais-tu me le répéter?»*
>
> *OU*
>
> • *«Je n'ai pas bien compris le sens du mot...; pourrais-tu me l'expliquer?»*
>
> *Dans le doute, jeunes terriens, continuez à questionner.*

Le message disparaît et Oméga ajoute:

– Jeunes terriens, c'est à vous qu'il appartient de clarifier les communications venant vers vous ou que vous dirigez vers d'autres et d'y vérifier la présence des sept éléments de l'univers de la communication. Ainsi, au lieu de vous éloigner en supposant: «Si ce n'est pas ce qu'il voulait dire, il me le dira...», vous mettrez fin à vos incertitudes et à vos doutes en vérifiant et en questionnant de nouveau.

Oméga fait ensuite apparaître un deuxième message à l'écran des enfants.

> *— Lorsque le message est clair pour vous, lorsque vous le comprenez bien, la phrase à dire est:*
> * *«Si j'ai bien compris, tu me dis que... »* et, à cela, vous ajoutez le résumé du message que vous avez entendu.*
> *OU*
> * *«Tu veux dire que... »* et, à cela, vous ajoutez le résumé du message que vous avez entendu.*
> *Jeunes voyageurs, toute communication doit se terminer par une rétroaction, c'est-à-dire par la vérification de la compréhension du message. C'est comme ça que vous terminerez vos communications dans l'harmonie et la bonne entente.*

Le message disparaît et Oméga ajoute:

— Jeunes terriens, ne vous contentez jamais d'une réponse qui n'est pas claire et qui n'est pas bien précise ou d'une réponse qui semble fausse, sans la vérifier. Avez-vous bien compris, jeunes amis terriens?

— Oui, répondent les enfants.

Oméga poursuit:

— Votre mission est grande et, pour que vous la réussissiez, les humains devront accepter d'utiliser les deux formes de rétroaction qui vous ont été enseignées. C'est par l'utilisation de la rétroaction qu'ils pourront prévenir et résoudre les problèmes de communication ainsi que la violence que ces problèmes engendrent. Par la rétroaction, les humains pourront comprendre comment s'est créé leur problème et ils pourront ainsi modifier leurs attitudes et leurs comportements. Ils n'auront plus à formuler d'accusations, de blâmes, de reproches qui ne font qu'accroître les frustrations et les révoltes. C'est ainsi qu'enfin la paix, la fraternité et l'harmonie pourront régner sur la planète Terre.

Puis Oméga invite Élément-Rétroaction à s'adresser au lecteur afin qu'il puisse, lui aussi, se mesurer à la rétroaction.

— Merci! Maître Oméga, dit Élément-Rétroaction.

Et, il ajoute:

— Ami lecteur, je te salue! Je t'invite à faire l'exercice pratique que je t'ai préparé.

Élément-Rétroaction fait alors apparaître son message à l'écran du lecteur.

– Cet exercice, cher lecteur, te permettra de mesurer l'utilisation que tu fais de la rétroaction dans tes communications entre tes parents et toi, entre tes frères, tes sœurs et toi, entre tes professeurs et toi, entre tes compagnons de classe et toi, entre tes amis et toi. Pour t'aider, tu peux suivre à la lettre les instructions qu'a données Maître Oméga aux amis terriens lorsqu'il les a invités à revoir des scènes de leur passé. Voici l'exercice:

• *souviens-toi d'un moment du passé où le fait de ne pas avoir fait correctement une rétroaction a provoqué un désagrément ou un conflit;*

• *décris sur cet écran ce qui s'est passé.*

Ami terrien, dis-moi, à la fin de cette communication, toi, en tant qu'émetteur ou en tant que récepteur,

• *as-tu fait un résumé du message pour démontrer ta compréhension?*

oui_____   non_____

• *t'es-tu assuré que le message, entre cette personne et toi, avait bien été entendu et compris de la même manière pour les deux?*

oui_____   non_____

• *as-tu su questionner une réponse qui n'était pas claire ou qui était imprécise?*

oui_____   non_____

• *as-tu interrogé la présence de chacun des éléments de la communication?*

oui_____   non_____

Si tu as répondu honnêtement à chacune des questions et que tu as observé les difficultés ou les différends qu'a entraînés l'absence de l'élément rétroaction, tu possèdes assez d'indices maintenant pour être capable de repérer une faiblesse de rétroaction et pour parvenir à changer ton attitude et ton comportement. Ainsi, tu deviendras un émetteur ou un récepteur habile à utiliser la rétroaction et tu pourras aider les jeunes voyageurs de l'espace à rétablir la paix sur la planète Terre.

— Ami lecteur terrien, en faisant cet exercice tu participes à la mission de paix des jeunes voyageurs de

l'espace. Je t'en remercie! Maintenant que tu me connaîs, et que tu sais comment m'utiliser, c'est dans la joie que j'accompagnerai tes messages sur la planète Terre afin de t'aider à résoudre tes problèmes avec tes parents, avec tes frères et sœurs, avec tes professeurs, avec tes compagnons de classe et avec tes amis. À plus tard, et bonne expérimentation!

L'écran du lecteur s'éteint et Élément-Rétroaction disparaît.

Chapitre 9

RETOUR SUR LA PLANÈTE TERRE

– Amis terriens, dit Oméga, nous vous avons ouvert les portes de la fraternité, de l'amour et de l'harmonie. Puissiez-vous les garder à jamais ouvertes. Très bientôt, vous retournerez sur votre planète afin d'y apporter un message de paix et vous transmettrez aux habitants de la Terre ce que nous vous avons enseigné. Dès que les humains commenceront, dans la bonne volonté, à appliquer les sept éléments de la communication à leur vie, le climat sur la planète Terre s'améliorera grandement.

Puis Oméga regarde affectueusement les enfants et leur dit:

– Votre apprentissage n'est pas totalement terminé, jeunes terriens.

– Ah non! s'exclament plusieurs enfants.

– Oh! c'est formidable, s'écrie Robin, car avec nos amis Éléments, c'est tellement agréable d'apprendre.

– Heureux d'entendre ça, dit Oméga. Jeunes voyageurs, tout ce que vous avez appris jusqu'à maintenant vous permettra d'atteindre une grande partie de votre but avec les habitants de la Terre qui veulent régler les problèmes de violence et qui ne veulent plus vivre en conflit. Mais dites-moi, avant votre départ, jeunes terriens, avez-vous des souhaits ou des commentaires à formuler concernant votre retour sur la planète Terre?

— Oh oui! répondent-ils.

Et déjà, les enfants ont la main levée pour demander la parole, car ils ont tous un message à émettre.

— Bien, dit Oméga, commençons maintenant. À toi, Cynthia.

— Moi, dit Cynthia, j'aimerais vous remercier, Maître Oméga, pour m'avoir permis d'apprendre à connaître de quoi est constitué l'univers de la communication.

— Moi aussi je veux vous remercier...

Et, d'un geste calme, Oméga arrête les enfants et reprend la parole:

— Vous savez, les enfants, c'est bien de vouloir me remercier, je l'apprécie. Mais la plus belle façon de le faire, c'est en utilisant, en tout temps, les sept éléments de la communication. Vous savez maintenant que c'est avec eux que vous ramènerez la paix sur la Terre. C'est une très grande joie pour moi de vous voir partir pour accomplir cette grande mission. En tant que Gardien de la Paix des Univers, je vous remercie d'être venus chercher les Clés de la Paix.

Et Oméga enchaîne en disant:

— Continuons avec vos souhaits, les enfants. Nous t'écoutons Igor.

— Moi, j'ai hâte de retourner sur la planète Terre; maintenant que je connais les Éléments de la communication, je pourrai aider tous les membres de ma famille et les habitants de mon pays à s'aimer davantage. J'ai hâte de leur faire comprendre comment les accusations et les reproches nous empêchent d'être sur la même longueur d'onde et nous donnent envie d'être loin les uns des autres pour ne plus nous voir, comme dans l'exemple que j'ai donné plus tôt, quand mon père m'accusait d'avoir prêté ma bicyclette, dit Igor.

— Moi, j'ai hâte de raconter aux gens de mon pays l'importance d'être attentif. Je leur parlerai du plaisir que cela procure de se sentir écouté de nos récepteurs. Je leur enseignerai que c'est en utilisant l'attention que l'on peut s'écouter vraiment et se comprendre. Je leur expliquerai que c'est avec l'attention que l'on peut arriver à s'attirer des amis. Je leur démontrerai de plus qu'on ne peut être attentif à deux messages à la fois ou à deux situations à la fois, sans avoir des problèmes comme j'en ai eus avec ma sœur et mon amie au téléphone, dit Paméla.

— Moi, j'ai hâte de démontrer à mes camarades de classe, à ma famille et aux habitants de mon pays l'importance de dire franchement ce que l'on a envie de faire ou ce que l'on n'a pas envie de faire. Et j'ai hâte de leur apprendre que c'est en questionnant les intentions que l'on évite les mauvaises interprétations qui ne causent que des déceptions et n'apportent que des tracas. Je leur expliquerai comment vérifier si les intentions sont différentes et incompatibles pour ne pas avoir de problèmes comme j'en ai eus avec mes cousins Billy et John, lors d'une fin de semaine, dit Steve.

— Moi, dit Luis, j'ai hâte de retourner sur la planète Terre et d'enseigner à ma famille et à ceux qui m'ont envoyé en mission comment éviter les disputes causées par des mauvais décodages. Je leur enseignerai qu'il est important de ne pas se réjouir trop vite lorsqu'un message leur parvient; ils doivent d'abord vérifier que ce qu'ils ont entendu est bien ce qui s'est dit. Je leur apprendrai que, dans le doute, ils doivent questionner afin de s'assurer qu'ils ont bien déchiffré le message qui leur a été donné au lieu de sauter rapidement aux conclusions. De plus, j'ai hâte de m'amuser à faire découvrir à ma sœur Dolorès ce que j'ai appris avec vous et les sept éléments de la communication. Comme ça, on aura beaucoup de plaisir à établir de bons contacts, elle et moi, conclut Luis en hochant la tête.

— Moi, j'ai hâte de retrouver mes amis de ma planète afin de leur faire savoir qu'il existe des mondes qui ne connaissent pas la guerre et qui communiquent entre eux dans l'amour les uns des autres. J'ai hâte aussi de démontrer à mes amis comment la rétroaction permet de clarifier les mauvaises interprétations et de prévenir les conflits simplement en faisant un retour et une vérification de la compréhension du message. Et je vais leur enseigner les phrases à utiliser pour terminer leurs messages. Comme ça, ils ne se contenteront pas d'une réponse qui n'est pas claire et qui n'est pas précise ou ils ne se contenteront pas d'imaginer n'importe quoi, comme cela m'est arrivé avec Natacha, affirme Angelo.

Les enfants continuent d'exprimer leur désir et leur hâte de transmettre aux habitants de la Terre ce qu'ils ont appris. Lorsqu'ils ont terminé, Oméga leur dit:

— Jeunes voyageurs, je constate que vous avez tous bien compris comment il est essentiel d'utiliser les clés de la communication. C'est pourquoi, avant que vous nous quittiez, je vous laisse un symbole qui servira de signe de reconnaissance entre vos compagnons Éléments et vous. Sur votre planète, vous appelez ça un porte-bonheur.

Oméga remet alors à chaque enfant une clé sur laquelle sont gravés les sept éléments de l'univers de la communication.

— Je vous proclame membre de l'Alliance pour la paix sur la planète Terre, leur dit-il. Chaque fois qu'un problème ou qu'un débat surviendra entre d'autres personnes et vous, prenez en main cette clé, puis questionnez la présence de chacun des éléments de la communication comme l'a fait Élément-Rétroaction. C'est ainsi que les portes de la compréhension s'ouvriront à vous.

Et, Oméga poursuit:

— J'invite maintenant les sept Éléments de la communication à vous raccompagner à votre vaisseau et à vous guider jusque sur la planète Terre.

Les enfants, tous surpris, s'exclament:

— Nos compagnons Éléments vont nous accompagner!

— Oui, répond Oméga, car à présent ils sont vos amis et il ne tient qu'à vous pour qu'il en soit toujours ainsi.

Puis Oméga enchaîne, en disant:

Leurs compagnons Éléments de la communication
encerclent le véhicule spatial des voyageurs et attendent le
signal d'Oméga pour partir.

– Je vous souhaite un plein succès dans l'accomplissement de votre mission, les enfants. Au revoir, et à plus tard pour la continuité de votre apprentissage.

Les enfants répondent en chœur:

– Au revoir, Maître Oméga, et merci!

Les sept Éléments de la communication apparaissent ensuite dans la salle de classe.

– Nous vous accompagnons maintenant à votre vaisseau spatial, déclarent-ils ensemble. Êtes-vous prêts à partir?

– Oui, répondent les enfants.

Puis Oméga se concentre, fait un léger mouvement des yeux et un couloir de lumière surgit, reliant les deux vaisseaux.

– Veuillez nous suivre, disent en chœur les sept Éléments de la communication.

Les enfants suivent les Éléments dans le couloir de lumière. Ils se souviennent de la joie ressentie lors de leur premier passage dans ce couloir. Un immense bonheur les traverse tous. Cependant ils ne perdent pas de vue tout ce qu'ils viennent d'apprendre et, cette fois, ils savent que ce n'est pas un rêve.

Tandis que les enfants prennent place à bord de leur vaisseau, leurs compagnons Éléments de la communication encerclent le véhicule spatial des voyageurs et attendent le signal d'Oméga pour partir.

Du centre de contrôle de son astronef, Oméga installe un champ magnétique afin de permettre aux enfants de retourner sur leur planète rapidement et sans difficulté. Au même moment, les enfants à bord de leur vaisseau envoient un message sur la planète Terre:

– Centre de contrôle de la planète Terre, ici le vaisseau pour la mission Paix. Nous avons atteint notre objectif. Nous revenons pour accomplir notre mission. À plus tard.

Oméga capte leur message et est heureux d'entendre la voix sereine des enfants. Constatant qu'ils sont prêts à partir, Oméga fait disparaître le couloir de lumière reliant les deux vaisseaux et donne le signal de départ aux sept Éléments de la communication. Les Éléments se transmettent alors un mot de passe qui, en circulant de l'un à l'autre, fait jaillir un arc-en-ciel de lumières aux couleurs violet, indigo, bleu, vert, jaune, orangé et rouge. L'arc-en-ciel dégage une telle force d'énergie que le vaisseau spatial des jeunes voyageurs semble léger comme une plume aux Éléments qui le soulèvent et le transportent en toute sécurité sur la planète Terre.

Une foule ébahie observe le retour tant attendu des jeunes voyageurs. Le groupe d'enfants salue chaleureusement les sept Éléments de la communication qui remontent dans l'espace en faisant entendre une douce mélodie. Et tout à coup, cinq des sept Éléments se transforment en cinq chiffres de feu: 1, 13, 15, 21, 18 suspendus à une énorme clé portée par Élément-Émetteur et par Élément-Récepteur. La foule, frappée d'étonnement et d'admiration, demande aux enfants:

– Mais qui sont-ils?

Alpha répond au nom du groupe:

– Ils sont nos sept compagnons; ils sont la clé pour nous aider à résoudre nos problèmes et à rétablir la paix sur la planète. Nous vous les ferons connaître très bientôt.

Et les gens extasiés questionnent:

Au même instant, les chiffres se transforment
en belles lettres flamboyantes.

– Que veulent donc dire ces chiffres?

Les enfants répondent d'une seule voix:

– AMOUR

Au même instant, les chiffres se transforment en belles lettres flamboyantes. Et, soudain, le silence s'établit et une paix indescriptible tombe sur la foule émerveillée. Après quelques minutes, les sept Éléments de la communication disparaissent, laissant scintiller l'empreinte du mot AMOUR, en guise de message de paix aux hommes de bonne volonté.

Chapitre 10

MESSAGE D'OMÉGA

De la planète AZ126, Oméga envoie le message suivant:

— Jeune lecteur de la planète Terre, je suis très heureux de te compter parmi les membres de la mission Paix. Tu as fidèlement accompagné les jeunes voyageurs tout au cours de leur merveilleux voyage, à la découverte de moyens pour rétablir la paix sur la planète Terre. Maintenant que tu as appris comment vaincre les problèmes créés par le manque de communication, je t'invite à faire lire ce livre que tu viens d'étudier à tous ceux qui désirent vivre en harmonie. Surtout, n'hésite pas à le proposer à tes parents, à tes frères et sœurs, à tes professeurs, à ton directeur d'école, à tes compagnons de classe et à tes amis. Ainsi, tu permettras à de plus en plus de terriens de connaître cette clé qui fera en sorte que la paix se rétablisse sur ta planète.

Afin de t'aider à participer activement à la mission de paix des jeunes voyageurs de l'espace et à contribuer à éliminer la violence sur ta planète, moi, Oméga, je te proclame membre de l'Alliance pour la Paix sur la planète Terre. Je te confie cette clé sur laquelle sont gravés les sept éléments de la communication. Utilise-la sagement et elle t'ouvrira les portes de la résolution de problèmes. Elle fera pour toi des merveilles. Je suis très heureux que tu connaisses maintenant la Clé de la Paix.

Puissent l'amitié, la fraternité et l'harmonie s'établir dans le cœur de tous les humains par la compréhension des sept éléments de l'Univers de la communication.

Oméga
Planète AZ126

GLOSSAIRE

 Je te salue, ami lecteur. Ce message s'adresse tout spécialement à toi. Il se peut que le mot que tu cherches ne soit pas inscrit dans ce glossaire. C'est pourquoi je te demande d'avoir toujours à portée de la main un dictionnaire dans lequel tu pourras chercher les mots que tu considères difficiles à comprendre. Si tu ne le fais pas, plusieurs questions resteront pour toi sans réponse. Si, malgré ta recherche, tu n'arrives pas à comprendre un mot, demande à ton professeur ou à tes parents de t'aider. Ainsi, tu pourras bien décoder les messages que je t'envoie.

Oméga
Planète AZ126

Adéquatement

C'est lorsque tu fais quelque chose de façon convenable, correcte.

Altéré

C'est lorsque tu fausses le sens des messages que tu émets ou que tu reçois.

Amertume

C'est lorsque tu es triste et que ton coeur est rempli de rancoeur à cause d'une humiliation, d'une déception ou d'une injustice.

Audible

C'est un son que tu peux entendre.

Compatible

C'est lorsque tu es bien avec quelqu'un et que tes idées ou tes désirs peuvent s'accorder avec les siens.

Conséquence

C'est le résultat d'une action que tu as faite ou d'une réaction que tu as eue; c'est aussi le résultat d'une parole que tu as dite ou que tu n'as pas dite.

Cohésion

C'est la force et l'harmonie qui unissent les membres d'un groupe; c'est aussi lorsque tu t'amuses en accord avec tous ceux avec qui tu joues; c'est aussi lorsque tu es en paix avec toi et avec les autres.

Cupidité

C'est lorsque la soif du pouvoir et des richesses domine dans le coeur des hommes et les pousse à s'enrichir sans tenir compte des conséquences de leurs actes.

Dénigrer

C'est lorsque tu parles en mal de quelqu'un pour te rehausser; c'est aussi lorsque volontairement tu détruis la réputation de quelqu'un.

Dépréciation

C'est lorsque tu essaies de diminuer la valeur de quelqu'un en le méprisant; c'est aussi lorsque tu attaques sournoisement quelqu'un par tes paroles et que tu le ridiculises aux yeux de tes amis.

Détriment (au détriment de)

C'est lorsque tu fais une action qui cause un dommage comme lorsque tu pollues la nature en laissant traîner des papiers, lorsque tu jettes ta gomme à mâcher sur le trottoir.

Différend

C'est lorsqu'il y a un désaccord à la suite d'une différence d'opinions, d'une opposition d'intérêts entre deux ou plusieurs personnes; c'est lorsque ton idée est différente de celle de quelqu'un et que vous vous opposez l'un à l'autre.

Distorsion

C'est lorsqu'un message t'arrive déformé et que tu ne peux l'entendre correctement à cause d'un bruit ou d'une distraction.

Domination

C'est lorsque tu te sers de ta force pour faire peur à quelqu'un et l'obliger à faire quelque chose contre son gré; c'est aussi lorsque tu fais du chantage pour arriver à tes fins.

Élément

C'est une particule qui entre dans la composition de quelque chose et qui remplit une fonction particulière. Exemples: le père, la mère et l'enfant sont trois éléments d'une famille; le sucre est un élément entrant dans la composition d'un gâteau et ayant pour fonction d'en adoucir le goût.

Équitablement

C'est lorsque tu partages de façon égale et juste quelque chose avec quelqu'un; c'est aussi lorsque tu fais ta part de corvées à la maison.

Équivoque

C'est lorsque tu te méprends sur les intentions de quelqu'un parce qu'elles n'ont pas été exprimées clairement; c'est aussi lorsque tu ne dis pas clairement ton message et qu'il peut être interprété de plusieurs manières.

Focus

C'est lorsque tu concentres toute ta vision sur un point précis pour ne voir que ce point; c'est aussi lorsque tu ajustes des jumelles de façon à rapprocher un point précis.

Incompatible

C'est lorsque tu n'arrives pas à te mettre d'accord avec quelqu'un parce que tes idées ou tes désirs ne correspondent pas aux siens.

Indissociable

C'est lorsque quelqu'un ou quelque chose ne peut pas être séparé. Le crayon et le papier sont indissociables lorsque tu veux écrire, tout comme un émetteur et un récepteur sont indissociables lorsqu'ils veulent communiquer.

Intimidation

C'est lorsque tu veux imposer tes choix en utilisant la force ou l'autorité; c'est aussi lorsque tu fais des menaces pour obtenir ce que tu veux.

Irresponsabilité

C'est lorsque tu laisses les autres faire les choses à ta place. C'est aussi lorsque tu refuses d'aider quelqu'un alors que tu pourrais le faire. C'est aussi lorsque tu laisses ta chambre en désordre en te disant «maman va la remettre en ordre». C'est aussi lorsque tu promets de faire quelque chose et que tu ne le fais pas.

Magnétique (champ)

C'est un champ de force d'attraction qui a pour but de créer une zone de sécurité.

Penaud

C'est lorsque tu as honte à la suite d'une maladresse que tu as commise; c'est aussi lorsque tu te fais prendre en défaut et que tu te sens embarrassé, gêné.

Sévir

C'est lorsqu'un fléau fait des ravages.

Solidarité

C'est lorsque tu viens en aide à quelqu'un qui en a besoin; c'est aussi lorsque tu restes fidèle à tes amis ou à ton groupe; c'est aussi lorsque tu t'engages à respecter les décisions des membres de ton groupe, c'est-à-dire lorsque vous vous serrez les coudes.

Stérile

C'est lorsque le sol n'est plus cultivable et que plus rien n'y pousse.

Syntoniser

C'est l'action de se brancher sur un poste précis de radio ou de télévision afin d'avoir une bonne réception, et du son et de l'image; c'est aussi l'action de se brancher ou de se régler sur la même fréquence ou sur la même longueur d'onde que quelqu'un.

Volatiliser (se)

C'est lorsque quelque chose disparaît facilement.